一帆 编绘

U0314012

图说 世界名车

化学工业出版社

·北京·

图书在版编目(CIP)数据

图说世界名车/一帆编绘.—北京：化学工业出版
社，2024.4
ISBN 978-7-122-45350-1

Ⅰ.①图⋯ Ⅱ.①一⋯ Ⅲ.①汽车-世界-青少年
读物 Ⅳ.①U469-49

中国国家版本馆CIP数据核字（2024）第067656号

图说世界名车
TUSHUO SHIJIE MINGCHE

责任编辑：隋权玲　　　　　　　　　装帧设计：宁静静
责任校对：王　静

出版发行：化学工业出版社（北京市东城区青年湖南街13号　邮政编码 100011）
印　　装：北京宝隆世纪印刷有限公司
710mm×1000mm　1/16　印张10　字数127千字
2024年5月北京第1版第1次印刷

购书咨询：010-64518888　　　　　　售后服务：010-64518899
网　　址：http://www.cip.com.cn

凡购买本书，如有缺损质量问题，本社销售中心负责调换。

定　　价：58.00元　　　　　　　　　版权所有　违者必究

前言

　　汽车，这个曾经被视为奢侈品的交通工具，如今已成为我们生活中不可或缺的一部分。它自19世纪末诞生以来，见证了人类社会的进步，改变了人们的出行方式，甚至在某种程度上塑造了我们的生活方式和文化。名车更是时代的见证者，从欧美的百年汽车品牌到亚洲的新兴力量，每一辆名车背后都蕴藏着它的历史、故事和技术革新，是人类智慧和创造力的结晶。

　　《图说世界名车》将带你走进绚丽多彩的汽车世界，领略各大车系的魅力与传奇。

　　循着汽车发展的脉络，我们先带读者领略欧美车系的风采。从行业开创者戴姆勒-奔驰到汽车领军者福特，从高性能的AMG到豪华的宾利，每一个品牌都承载着汽车工业的辉煌历史。本书不仅会介绍梅赛德斯-奔驰的卓越品质、林肯的尊贵地位，以及法拉利、玛莎拉蒂等赛车手心中的圣物。同时，我们还会为您展示大车的风范，感受通用汽车的沉浮，探索雪佛兰的创新精神……

　　之后聚焦亚洲车系。这里有丰田的壮举，有雷克萨斯的精湛工艺，有斯巴鲁的运动基因，也有现代起亚的崛起。我们将一起深入了解一汽、长安、广汽等中国汽车品牌的发展历程，感受它们为实现"中国制造"向"中国创造"的转变所付出的努力。

　　在这个飞速发展的时代，汽车行业不断创新，新的技术和设计层出不穷。我们希望本书能够成为读者了解汽车世界的窗口，让每一个热爱汽车的人都能在其中找到乐趣和启示。让我们一起开启这段精彩的汽车之旅，领略世界名车的风采，探寻汽车工业的未来。

目录

第一章

欧美车系

第二章

亚洲车系

第一章
欧美车系

行业开创者：戴姆勒-奔驰

戴姆勒-奔驰汽车公司是现代汽车工业的"先驱"，也是整个汽车历史中的"楷模"。过去的130多年间，它久经风雨，见证了岁月的沧桑和时代的变迁。在漫漫历史长河中，戴姆勒-奔驰汽车公司始终屹立不倒，并创造了无数个"行业第一"。时至今日，它仍然是汽车企业中最耀眼的存在。

戴姆勒与儿子驾乘"戴姆勒一号"外出

改变世界的发明

1883年，执着于机械生产和发明的卡尔·本茨成立了奔驰公司。两年后，他发明了世界上第一辆安装发动机的三轮汽车——奔驰一号，并在1886年取得了专利。几乎在同一时间，戈特利布·戴姆勒和威廉·迈巴赫成功发明了第一辆四轮汽车——戴姆勒一号。至此，人类交通的历史开始走向新纪元。

竞争与较量

为了抢占市场，奔驰公司和戴姆勒公司不可避免地成了竞争对手。可是，汽车出现之初，人们对它似乎并没有多大的兴趣，加上当时汽车的安全性不高，售价又比较昂贵，所以销量并不是很好。奔驰公司和戴姆勒公司的处境都很艰难。

卡尔·本茨和他的女儿

奔驰早期车型

埃米尔·耶利内克与女儿梅赛德斯

奔驰汽车的标志是三叉星，象征着奔驰公司征服陆、海、空的愿望。不过，奔驰的车标也经历了几次演变。

抓住机遇

　　就在两大汽车公司为开拓市场绞尽脑汁时，戴姆勒公司迎来了一次难得的机遇。有一位财力雄厚的奥匈帝国领事埃米尔·耶利内克对汽车这个新奇的事物很感兴趣，他愿意购买30多辆戴姆勒公司的汽车，不过，条件是他要取得戴姆勒公司在法国、美国和奥匈帝国的独家代理权，而且戴姆勒公司以后生产的每辆汽车都必须加上他女儿——梅赛德斯的名字。戴姆勒公司同意了，最终获得了一大笔订单。

强强联合

　　1924年，在严峻经济形势的影响下，奔驰和戴姆勒两大汽车公司开始从竞争对手变为"朋友"。他们在汽车设计、生产甚至是广告宣传领域逐渐展开合作。1926年，这两家知名汽车企业正式合并为"戴姆勒-奔驰汽车公司"，开始描绘汽车事业的宏伟蓝图。

1929年，梅赛德斯-奔驰Nürburg 460

亲爱的梅赛德斯–奔驰

梅赛德斯–奔驰公司成立后，一直以过硬的质量和高超的制车工艺在汽车行业保持着不败的神话。数十年来，梅赛德斯–奔驰这个优雅的名字早已变成一个超级品牌，镌刻在人们的心中。而它所生产的一代又一代汽车，似乎时刻引领大众潮流，"足迹"更是遍布世界。

梅赛德斯–奔驰770K（德国，1930年）

770K在很长一段时间内，都是德国高官的座驾。770K整体给人一种雍容华贵的感觉，内饰也是极尽奢华。最重要的是，它具有防弹功能，是世界上第一辆防弹轿车。

梅赛德斯–奔驰E级W120（德国，1953年）

W120拥有"浮筒状"造型，采用了承载式车体结构，是真正意义上的"三厢车"。与传统车型相比，它车内的空间更宽敞，而且车身重量也更轻。另外，W120搭载的是4缸发动机，在动力方面也具有很大的优势。

梅赛德斯–奔驰300 SL跑车（德国，1954年）

300SL创新性地采用了"鸥翼门"设计，整体线条十分圆滑，让人过目难忘。最让人心动的一点是，它的动力非常强劲，时速可达260千米。

梅赛德斯–奔驰600（德国，1963年）

说起梅赛德斯–奔驰的全尺寸超豪华轿车，有一款车不得不提，那就是600车型。这款车型尺寸很大，外形霸气，拥有300马力，加上极具贵气奢华的气质，因此在当时深受各国政府首脑的偏爱。

1965年，英国女王伊丽莎白二世与菲利普亲王访问德国，乘坐的就是一款梅赛德斯–奔驰600（Pullman-Landaulet）。

梅赛德斯-奔驰G-Wagen（德国，1979年）

梅赛德斯-奔驰G级车型充满野性之美，是很多人梦寐以求的座驾。1979年，第一辆G级车G-Wagen问世。虽然它的内饰比较简洁，而且缺乏舒适性配置，但非承载式车身、体形横梁结构及分时四驱系统等优势使其具备超凡的越野能力。

2016年的G65

我们从现代奔驰G级车上还能看到当年的影子。

梅赛德斯-奔驰SLR（德国，2003年）

梅赛德斯-奔驰SLR蕴含丰富的赛车基因，一度被称赞为"公路上的F1"。620多马力的超强功率、安全性极高的碳纤维车身及纯手工打造等特点，无不彰显其"高性能汽车标杆"的水准。

它就是我奋斗的动力！

高性能，高要求

戴姆勒公司为了缔造汽车王国，从没停止过自己的脚步。它先后收购了多家实力非凡的汽车公司，其中就包括迈巴赫和AMG。正是因为这些"新力量"，戴姆勒公司才能"全面开花"，生产、制造出不同性能、满足不同阶层需求的各类型汽车，从而在风云变幻的汽车市场中立于不败之地。

迈巴赫 齐柏林DS8（德国，1931年）

齐柏林系列是迈巴赫汽车的传奇，它曾代表了豪华轿车的巅峰。DS8更是齐柏林系列的翘楚。

迈巴赫SW35（德国，1935年）

SW35拥有流线型的车身和圆润的前脸，将空气动力学与美学设计完美地融合在一起，是迈巴赫历史上最经典的车型之一。

1919年，迈巴赫父子研制出了一款概念车，从此拉开了这个豪华汽车品牌发展的序幕。1960年，因战争风雨飘摇的迈巴赫被奔驰收购。此后多年间，它开始为奔驰服务。直到2002年，迈巴赫才得以复活，重回车坛。

迈巴赫62（德国，2002年）

迈巴赫62的配置奢华：能完全躺平的后排座椅可以让你放松身心，带有红外线发射夹层的玻璃更注重保护私密性，车载冰箱和BOSE环绕音箱则带给我们舒适的娱乐体验……它的每一项设计都非常出色。

AMG公司成立于1967年，最初仅从事汽车改装业务。随着时间的推移，它渐渐吸引了奔驰公司的目光。1990年，AMG正式成为奔驰的一员。

迈巴赫标志由一个球面三角形和两个重叠的M组成。现在它多使用奔驰车标。

AMG GT 63 S（德国，2018年）

从造型来看，此款车型的前脸采用的是传统经典的质朴式格栅，车身为流线型，车尾配备了可升降的尾翼，整体看起来动感十足。在动力方面，它搭载的是4.0T V8双涡轮增压发动机和插电式混合动力系统。

AMG Project ONE（德国，2018年）

作为一款顶级豪车，AMG Project ONE的模样看起来有点像在赛场上驰骋的F1赛车。事实上，它急速飞驰时，速度能达到350千米/小时，百千米加速时间仅仅需要2.5秒，这个成绩足以力压很多超级跑车了。

小车和大车

汽车分很多种，不同汽车的定位各有差别，面对的消费人群也不一样。戴姆勒汽车家族十分庞大，除了我们熟知的普通轿车系列，还有像乌尼莫克、Smart这样的"特殊群体"。它们同样是风靡全球的车界"宠儿"，在各自的领域创造着不朽的传奇。

1994年，戴姆勒-奔驰公司与瑞士Swatch集团"联姻"成立MCC公司，开始打造微型车。2000年，MCC公司正式归戴姆勒-奔驰公司所有，改名为"Smart GmbH"。

从2000年开始，每年追求潮流的Smart粉丝们都会选择在某个地方聚会，举行一次盛大的狂欢派对,这也被称为Smart times。

2004年，Smart city改名为"Smart fortwo"。

Smart City Coupe（法国，1998年）

Smart City Coupe可爱小巧，造型别致，颜色靓丽，一上市就在全球掀起了一股时尚浪潮。它强调个性，符合年轻人的口味，而且能在拥挤的街道和车流中自由穿梭，非常实用，所以，当时被很多都市白领和年轻人列为首选车型之一。

Smart fortwo 第三代（法国，2014年）

2014年，第三代Smart fortwo正式与公众见面。它秉承Smart的传统设计理念，延续一贯的小巧造型风格，但在动力性能和内部空间方面都有了很大的提升。

这是我们第三代车型。

这是今天的粉丝福利吗？

smart time

第二次世界大战结束后，曾在戴姆勒-奔驰公司就职的艾伯特·弗里德里希怀揣梦想，经过不断努力，在1946年研制出了"Unimog（乌尼莫克）"。可后来因为工厂产能不够，资金缺乏，艾伯特·弗里德里希不得不将乌尼莫克卖给戴姆勒-奔驰。

smart 车标

乌尼莫克最初的牛头车标

乌尼莫克 2010（德国，1951年）

乌尼莫克2010是奔驰车厂生产的第一款乌尼莫克汽车。事实上只是换了名字的乌尼莫克。它无论车标造型、发动机，还是驱动系统和底盘，都和最初的Unimog一模一样。

乌尼莫克 U5000（德国，2000年）

乌尼莫克U5000的越野性能有时比坦克还要强悍，几乎没有它到不了的地方。它就像一个"钢铁怪物"，能碾压一切阻碍。1.2米的涉水深度，4.8L的直列4缸增压直喷柴油发动机，218马力……每一个数字都能秒杀很多越野车。

乌尼莫克 405 系列 U300（德国，2011年）

第一眼看到这款概念车，你很难不被它吸引。炫酷的构造，靓丽的色彩，加上超群的越野性能，实在让人心动。这款车是奔驰公司特地为了纪念乌尼莫克诞生60周年所打造的，据说灵感来自雨林精灵箭毒蛙。

汽车领军者——福特

它从"制造人人都买得起的汽车"的理念开始出发，不断超越奋进，经过一个世纪岁月的洗礼，铸就了今天风光无限的世界知名汽车公司，成为整个汽车行业的领军者之一。你猜到了吗？它就是著名的百年汽车企业——福特。

福特的"领路人"

亨利·福特在汽车设计方面拥有很高的天赋，早在1896年他就制造了一辆约4马力的汽车。1899年，敢于追求梦想的亨利·福特与朋友一起成立底特律汽车公司，不过却因为经营不善，只生产了20多辆汽车就破产倒闭。但他没有就此放弃，1903年亨利·福特卷土重来，与十几位投资人成立了一家新的汽车公司"福特"。

亨利·福特

福特T型车生产线

影响世界的汽车流水线

福特成立公司后不久，就敏锐地意识到，只有生产符合大众需要而且大众能够消费得起的汽车，才能让企业走得更远。于是，他们及时做出战略调整，生产出了"T型车"，之后又开发了世界上第一条流水线。这项举措，不仅给福特车带来了1500万辆的巨大销量，还使世界汽车工业迎来了一次新的革命。

流水线的生产方式提高了汽车产量，让汽车成了一种大众消费品，T型车开始遍布世界，而亨利·福特也被人们称赞是"为世界装上轮子的人"。

进军豪华车领域

为了开拓市场，福特在努力生产普通轿车的同时，还把目光聚焦在豪华车上。1922年，亨利·福特在儿子的敦促下，通过竞拍，以800万美金的价格收购了曾经的老对手林肯。自此林肯被纳入福特麾下，而福特开始正式跻身豪华车生产商的行列。

1927年，福特开始使用新车标。

1931年，林肯推出了它加入福特的首款新车型"Lincoln Model K"。

卡车王者

福特汽车公司还是世界上最大的卡车制造商。它所生产的F系列卡车从1948年下线至今，累计销量已经超过了3000万辆，被认为是世界汽车历史上最畅销的车型之一。要知道，这个数字甚至远超大众甲壳虫及福特的经典T型车。

1948年福特生产的F-1皮卡。

多品牌大家庭

很多汽车公司在发展壮大的过程中，会扩张并购，福特当然也不例外。除了自创的福特、水星品牌外，捷豹、路虎、马自达、沃尔沃、阿斯顿·马丁都曾是福特的一员。可以说，这些品牌共同见证了福特的辉煌时刻。不过，发展到现在，福特旗下只剩下福特、林肯这两大品牌了，大部分品牌已经转手给他人。

阿斯顿·马丁加入福特后，于1999年推出的DB7 Vantage Volante汽车。

福特一家子

在福特的历史长河中，曾经出现过很多经典车型。它们风格鲜明，形态各异，有的甚至是流行风向标，曾一度引领时代潮流。从某种意义上来说，这些车型就是福特的高光时刻，正是它们的车辙组成了福特的辉煌历史。

2014款新一代F-150皮卡

福特F-150（美国，1948年）

F-150是美式肌肉卡车的代表，也是很多美国人的经典记忆。从1948年诞生到现在，这个系列的卡车备受大众喜爱，销量一直牢牢占据全球皮卡销量的榜首。可以说，它是福特的骄傲。

第一代福特雷鸟Thunderbird（美国，1954年）

Thunderbird是一种造型优美的双座敞篷跑车，既有动感美，又不失豪华、舒适特性，深受大众追捧。不可思议的是，仅在预售阶段，福特就接到了3500多张雷鸟汽车的订单，可见它有多受欢迎。

雷鸟注重品质，崇尚优雅与豪华。特别的款式、夸张大胆的设计、便利的配置，让它一上市就收获无数"粉丝"。在长达半个多世纪的时间里，雷鸟一直是美国很多热血青年的挚爱车型之一。

福特特地为电影《太阳鸟》打造的"雷鸟一号FAB 1"概念车。

福特野马车标

福特雷鸟车标

第一代福特野马Mustang（美国，1964年）

第一代野马具有典型的肌肉线条，颇具硬派魅力。它的操控性和动力性都非常出色，可以带给驾驶人无与伦比的驾驶体验。

福特维多利亚皇冠警用拦截者（美国，1992年）

在美国，维多利亚皇冠警用拦截者的成名可以说无人不知无人不晓。要知道，大部分美国警用车辆都来自这个经典车型。人们在美国的大街小巷时常能发现它们的身影。不过在2011年，辉煌了近十年的"警用拦截者"彻底停产了。

第二代福特GT（美国，2015年）

作为能与法拉利相媲美的超级跑车，福特GT简直就是速度与性能的代名词。它凝结了很多福特的尖端技术，那夸张的动力学设计、640多马力的超强功率都足以让众多跑车黯然失色。

福特GT是福特历史上性能最佳的车型之一。1966年，福特GT40在著名的勒芒赛场上，以压倒性优势战胜了法拉利，由此走进人们的视野。后经过多年沉寂，福特生产出了GT车型。随着时间的推移，GT的速度越来越快，科技感也越来越强。

总统的专车——林肯

自从加入福特之后，林肯开始焕发出新的生命力，无论汽车造型还是格调都变得越发"迷人"。慢慢地，它成了极致奢华与高端品质的象征，深受多位美国总统的青睐，被人们冠以"总统座驾"的美名。一步一步走来，林肯正像福特之子埃德塞尔·福特期许的那样，每一款汽车都成了世人难忘的经典。

林肯K-Series V12敞篷车（美国，1939年）

它是一款可定制的豪华车型，车主可以根据需要、喜好自己决定车身、车门及敞篷的样式。1939年，林肯汽车专门为美国总统富兰克林·罗斯福打造了一辆座驾，因为他喜欢放下车篷，尽情享受阳光洒下时驾车的感觉，这辆车有了"Sunshine Special"的美名。

林肯是美国豪华汽车的开拓者——亨利·利兰在1907年创立的汽车品牌。1922年，因为经济萧条及经营不善等因素，林肯公司破产并最终被福特所有。

1938年生产的林肯Zephyr Continental被建筑师弗兰克·劳埃德·赖特称赞为"世界上最美丽的汽车"。

林肯大陆74A敞篷车（美国，1961年）

有一辆基于林肯大陆74A敞篷车改装而来的汽车特别有名，因为它同样曾经服务于美国总统，代号是SS-100-X。美国历史上最年轻的总统约翰·肯尼迪平时就很喜欢乘这辆车接受民众的欢迎。可是1963年，他却在这辆车上遇刺身亡。

自从约翰·肯尼迪总统被枪杀后，美国总统变得更加注重安全保护，平时出行都避免再乘坐敞篷车了。

林肯大陆（美国，1969年）

　　1969年，时任美国总统理查德·米尔豪斯·尼克松换了一辆全新的林肯大陆轿车当座驾。这辆车最高时速可达205千米，百千米加速需要11.1秒。而尼克松之后，新一任总统杰拉尔德·鲁道夫·福特在任期间使用的也是这辆车。

LINCOLN

1955年之后，林肯开始使用十字星图案做车标。

林肯大陆加长版（美国，1972年）

　　詹姆斯·厄尔·卡特上任后，座驾变成了一辆加长版的林肯大陆，它不仅十分豪华，还同样做过防弹改装。但没想到，这辆车的第二个主人罗纳德·威尔逊·里根遭遇了和肯尼迪总统同样的事情。车上的防弹钢板将子弹反弹回去，却恰好击中了里根总统的肺部。不过幸好，里根总统保住了性命。

　　从1983年开始，里根总统的座驾换成了凯迪拉克，之后，林肯汽车渐渐失去了总统专车的光环。

林肯第四代领航员（美国，2017年）

　　第一代领航员的外观更富有设计感，进气格栅、悬浮式车顶及贯穿式尾灯的组合，让它看起来气场十足。此外，精致奢华的内饰、宽敞的空间、升级的驾控系统等，无不彰显着林肯SUV的独特风范。

大众的"大众"

大众是一个超级汽车集团，位居世界十大汽车公司的前列，在全世界许多国家都设有生产工厂。作为一个辉煌而又悠久的汽车品牌，大众用一如既往的卓越品质，征服了一代又一代人。时间的车轮在转动，这个由"制造平民汽车"发展而来的企业，用数不清的荣耀勾勒出了属于自己的灿烂历史。

平民汽车的设想

1936年，德国实施生产"廉价汽车"的政策，以满足普通大众的需要。要知道，德国人当时的汽车拥有率很低，与美国存在巨大差距。

第一辆甲壳虫
"KdF–Wagen"

大众诞生

很快，大众的厂房在如今的沃尔夫斯堡建立起来。1937年5月，大众汽车公司正式成立，费迪南德·保时捷马上开始着手生产"大众"轿车。不过可惜的是，"二战"爆发，大众公司不得不为纳粹政府服务，转而生产军备。

"二战"期间大众生产的Type 82

战后新生

"二战"结束以后，大众汽车公司由英国军政府接管，开始大量生产甲壳虫汽车，供英军使用。直到1947年，大众汽车公司才重新回到德国人的手中。之后，大众汽车公司利用甲壳虫汽车"价格低廉，品质过硬"的优势，迅速崛起，逐步在德国及欧洲打开了市场，并渐渐向全球进军，最终成长为世界级汽车生产集团。

1949年款甲壳虫

1950年，大众推出了多功能车型Type 2。这款车一直以来都深受消费者欢迎。

亲爱的，还好你买了一辆大车。

这叫有远见。

多系列全面发展

随着时间的推移，大众汽车的业务变得越来越广泛，不但先后推出了"奥迪""帕萨特""高尔夫""桑塔纳"等系列产品，还相继收购了兰博基尼、劳斯莱斯、布加迪等豪车品牌，强有力地巩固了自己的市场地位，为后续的发展和壮大奠定了坚实的基础。

兰博基尼加入大众集团之后，于2001年推出了旗舰级跑车"Murcielago"。

大众的成员

作为大众汽车集团中的"老大哥",大众品牌自身经过努力和发展,推出了很多令人惊艳的车系。呆萌可爱的甲壳虫,小巧灵活的高尔夫,彰显品质与格调的帕萨特,兼具时尚与稳重气质的途锐……每一款都有不同的定位,所针对的消费人群也不一样。但可以确定的是,它们都颇受消费者的青睐。

大众帕萨特B1(德国,1973年)

帕萨特B1是著名汽车设计大师乔治亚罗的作品,整体风格极富运动个性,但又不乏浪漫气质,时尚又前卫。作为一款现代化的家庭用车,帕萨特B1一进入市场,便牢牢抓住了欧洲人的眼球。

大众甲壳虫SilverBug(德国,1981年)

1981年,为了纪念第2000万辆甲壳虫汽车在墨西哥工厂下线,大众汽车公司特别推出了"SilverBug"珍藏版车型,以回馈一直以来支持甲壳虫的粉丝。SilverBug面世以后,世界各地的"虫粉们"无不为之疯狂。

大众高尔夫R32（德国，2002年）

　　R32素有"小钢炮"的美誉，曾是无数消费者心中的"神车"。霸气侧漏的造型，秒杀无数车型的超强动力，先进的四驱系统……难怪有人说它是高尔夫历史上的巅峰之作。

大众车标历经多次演变，但始终保有"V""W"两个字母。

第五代大众Polo（德国，2009年）

　　与自己的"前辈们"相比，第五代Polo的外形有很大的变化，看起来更具设计感。此外，它在动力性能、底盘系统、减震装置等方面都有了很大的提高，完美地将汽车的运动性和舒适性结合在一起，是汽车行业中的"小型车标杆"。

第三代大众途锐（德国，2018年）

　　第三代途锐是大众旗下高端SUV中的一员。它身上有很多棱角设计元素，肌肉线条十分明显，因此看起来年轻又富有朝气。在内部细节上，第三代途锐也十分精致到位。

布加迪：生来冠军

有人说，布加迪不仅仅是一种汽车，更像是一个系列的奢侈品和一种艺术符号。一路走来，它既创造过很多辉煌的战绩，尊享过无上荣光，也经历过衰落和几经转手的沧桑。幸运的是，1998年，布加迪变成了大众集团的一分子，并成为其一个独立运营的汽车品牌。

布加迪汽车的创始人是埃托里·布加迪。1881年，他出生在意大利米兰的一个艺术家家庭，小时候就对赛车钟爱有加，喜欢参加各种汽车比赛。23岁时，埃托里·布加迪与法国的一家汽车公司合作，开始设计生产汽车。1909年，布加迪在法国的莫尔塞姆正式创立了布加迪汽车车厂。

布加迪Type 35（法国，1924年）

Type 35是布加迪历史上最成功的车型之一。它曾以绝对的王者姿态横扫各大赛场，为布加迪拿到了2000多个冠军，风头无二，可谓是名副其实的赛道霸主。

布加迪Type 41 Royale（法国，1927年）

虽然已经在赛场上叱咤风云，可布加迪没有放弃民用车市场。Type 41 Royale就是证明。这款豪车的功率高达300马力，内饰和一些配置采用的都是当时非常高端的材料，相当奢华。可惜，因为价格高昂、经济危机等因素，这款车只生产了6辆。

马蹄形进气格栅一直是布加迪汽车的标志。

20

布加迪EB 110（法国，1991年）

　　EB 110是一款为纪念布加迪创始人Ettore Bugatti诞辰110周年而特别设计和命名的跑车。它搭载着一款3.5L V12中置发动机，百千米加速只需要3.4秒，动力性能极为强悍。此外，EB 110还拥有"剪刀门"及电子升降尾翼等一系列的豪华设计。可想而知，这款顶级跑车自然成了当时豪车界的"至尊"。

BUGATTI

椭圆形的标志一直是布加迪的"名片"。

布加迪EB 218概念车（法国，1999年）

　　EB 218是布加迪历史上第一款四门五座轿跑。它的动力强劲，各方面细节都十分精致，堪称"奢华的性能猛兽"。可惜的是，因为种种原因，这款概念车并没有实现量产。

布加迪威航Super Sport（法国，2010年）

　　威航Super Sport同样是公认的"速度之王"。它的功率足足有1200马力，速度甚至能达到431千米/小时，有些超乎想象。不过，这款车的售价高达2100多万元。

斯柯达：以人为本

斯柯达曾是世界上历史最悠久的四家汽车生产商之一，在汽车行业"资历"很深。可是它却饱经风霜，经历多次战乱、政变及兼并之苦，最终在1991年被大众集团收购。如今，这个拥有百年历史的"老前辈"，在大众的引领下，依然活跃在汽车市场上，展示着自己与众不同的风采。

1895年，捷克人瓦茨拉夫·克莱门特与瓦茨拉夫·劳伦一起开了一家工厂，主要生产和维修自行车。这就是斯柯达的雏形。四年之后，他们开始生产摩托车。不久，这家公司又改变经营方向，在1905年转而生产汽车。让人惊喜的是，第一辆汽车Voiturette面世后，大获成功，不但在本国引起购车热潮，还出口到了欧洲、亚洲、非洲、美洲的很多国家。

Voiturette A（捷克，1905年）

Voiturette A是L&K公司（斯柯达公司前身）推出的第一款四轮车。当时能生产汽车的厂家少之又少，所以，经济实用的Voiturette A一面世，就成了抢手货，引发大众购买热潮。后来，Voiturette A还出口到了欧洲、亚洲、非洲、美洲。

Hispano Suiza（捷克，1926年）

Hispano Suiza是早期高端豪华汽车的典型代表。这款车单是底盘价格就比当时的劳斯莱斯的造价还高，所以说它自带"贵族血统"一点儿也不夸张。而Hispano Suiza车中最著名的车主是捷克的第一任总统马萨里克。

斯柯达Felicia（捷克，1959年）

　　Felicia拥有宝石一般的颜色，整体车型虽然不大，但气质优雅迷人，宛若精雕细琢的艺术品。事实上，它是斯柯达汽车历史中最漂亮的车型之一。

从2012年开始，斯柯达汽车开始使用"绿意更盛"的全新车标。

斯柯达130 RS（捷克，1975年）

　　130 RS是斯柯达汽车历史上的"传奇"，它用一个又一个战绩缔造了斯柯达的辉煌时代。

　　1977年，130 RS在蒙特卡洛拉力赛中"技压群雄"，拿到了同组别冠、亚军。1981年，在欧洲房车锦标赛中，它再次展现出非凡实力，在六轮比赛中获得满分，问鼎冠军。

第三代斯柯达明锐Octavia（捷克，2013年）

　　第三代明锐是基于大众MQB平台打造出来的新型车。与之前的"哥哥们"相比，它虽然模样和气质还具有典型的斯柯达风范，但轮廓却更加舒展，看起来也更加时尚、年轻。此外，在车内空间、车身材料、油耗等方面，这款车都要进步得多。

宾利的成长之路

每一款宾利车身上都有一种"与生俱来"的贵族气质。对很多人来说，宾利就是他们毕生追求的终极梦想。哪怕只是一次乘坐，甚至是一次触摸，都能勾起他们内心对美好生活的无限向往。那么被誉为"贵族绅士"的宾利究竟有哪些让人难忘的车型呢？一起来看一下。

宾利汽车公司的创始人是沃尔特·欧文·宾利先生。他既是一个赛车爱好者，也是一位出色的机械工程专家。1912年，20多岁的宾利和哥哥成立了宾利兄弟公司，着手改进、研发发动机。虽然宾利的汽车事业很快因"一战"的爆发停滞了，但1919年，他再次出发组建了宾利汽车公司。1931年，宾利汽车公司因经济危机及经营问题陷入困境，危急时刻，劳斯莱斯买下了它。1998年，宾利被大众收购，加入大众麾下。

宾利3 Litre（英国，1919年）

宾利3 Litre就像一匹横空出世的黑马，接连打破了很多汽车耐力赛的记录，在1923年的勒芒24小时耐力赛上拿到了第四名的好成绩。1924年，它更是在勒芒赛上一举夺魁，傲视群雄。接下来的四年里，宾利又以三款车型连续问鼎勒芒赛的冠军，创造了一段不能被忘却的传奇。

宾利Mark VI（英国，1946年）

第二次世界大战结束后，宾利推出了Mark VI轿车。虽然这款豪华车的售价不便宜，可它却凭借大方优雅的全钢车身、独树一帜的创新设计以及出色的动力性能赢得了消费者的青睐，进而发展成宾利历史上最畅销的车型。

宾利R-TYPE（英国，1952年）

R-TYPE是宾利历史上首款采用流线型车身的车型，那修长低矮的线条，完美勾勒出了旅行座驾的美感。因为搭载着4.6L直列6缸发动机，这款车的速度也毫不逊色，最高时速可达163千米。要知道，当时它可是公认的"最快的四座汽车"。

宾利的车标是以公司名首字母"B"为主体，两侧有一对翅膀，看起来就像翱翔的雄鹰一般。

宾利State Limousine（英国，2002年）

这是宾利历时两年专门为庆祝英国女王登基50周年而打造的"御用车"。除了标志性的对开式车门、防弹车身及全玻璃式的车顶外，它内部的座椅等配置都是特别设计的，奢华、精细程度可见一斑。

宾利添越Bentayga（英国，2015年）

添越对于宾利品牌来说，具有里程碑式的意义。它是宾利首款SUV，可以说为宾利开创了历史。因为秉持一贯的"奢华设计"风格，添越保有很多经典的宾利元素，而且还拥有比以往车型更强劲的动力。这使得它成为全球最昂贵的SUV之一。

奥迪的史书

众所周知，奥迪汽车的威名享誉国际，在中国国内，它更是最畅销的汽车品牌之一。从诞生到现在，奥迪已经走过了100多个春秋。在这个过程中，它既有过风头无两的闪耀时刻，也曾饱受战火洗礼，跌落谷底。但正是这辉煌而又曲折的百年历史，铸就了今天独一无二的奥迪。

1909年，汽车工程师奥古斯特·霍希离开了自己亲手建立的车厂，另立门户创建了"奥迪"公司。很快，第一辆奥迪汽车诞生。之后，奥迪飞速发展，不但在一些重要赛事上屡屡夺冠，而且公司还研究出了方向盘左置等先进技术，一时间名声大噪。

奥迪920（德国，1938年）

奥迪920不但发动机的性能非常优越，而且无论造型还是内饰都十分时尚。当时，人们很快被小巧但动力强劲的奥迪920圈粉，纷纷抢购。

奥迪100（德国，1968年）

奥迪100是A6车型的前身，它的出现，标志着奥迪汽车正式开始涉足中高档轿车市场。这款车面世以后大受欢迎，销量一路飙升，为此后奥迪品牌的发展奠定了坚实的基础。

Quattro 凭借卓越的性能，在多次比赛中拔得头筹，曾先后获得汽车锦标赛、拉力赛等赛事的冠军。

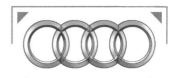

1964年，奥迪汽车开始使用象征"汽车联盟"的四环徽标，一直沿用至今。

奥迪夸特罗（Quattro）（德国，1980年）

Quattro 的棱角分明，看起来比较硬派。事实上，它的内在配置更加彪悍，配备着强大的四轮驱动系统，这意味着，Quattro 可以轻松转弯，是一款相当理想的拉力赛车。

奥迪A8（德国，1994年）

尽管奥迪A8是基于V8车型改款而来的，但它自身却不乏亮点。A8首次采用全铝车身框架，这标志着奥迪汽车从此进入了全新的时代。也是从A8开始，奥迪车系有了新的命名方式。

奥迪Q7（德国，2005年）

作为奥迪历史上第一款SUV，Q7以精细奢华的设计和先进的技术应用赢得了无数赞誉。尤其是它的安全性能，更是备受消费者及权威媒体的肯定。所以，当年Q7是风靡一时的"车宠"！

2006—2008年，奥迪倾力打造的柴油汽车R10 TDI表现抢眼，多次赢得勒芒赛事冠军。

兰博基尼：斗牛般强悍

在很多人心中，兰博基尼就像一头桀骜不驯的斗牛，激情狂野，追求极限速度。更重要的是，兰博基尼如一款精雕细琢的奢华艺术品，只要它一出场，无数豪车都会黯然失色。

1948年，颇具商业头脑的费鲁吉欧·兰博基尼成立了"兰博基尼拖拉机公司"，主要生产拖拉机。费鲁吉欧·兰博基尼对跑车情有独钟，购买了好几辆不同品牌的超跑。据说，有一辆法拉利出现了故障，费鲁吉欧·兰博基尼专门去相关部门投诉，可是对方却轻视并讥讽他。于是兰博基尼决定生产跑车，并于1963年成立兰博基尼汽车公司。

兰博基尼Countach（意大利，1974年）

造型极具视觉冲击力的Countach曾被誉为"外星车"。它那标志性的剪刀式车门、"楔形"车身，以及特别的棱角和线条，无不透露着一种摄人心魄的野性美。在停产之前，它一直雄踞超跑热卖榜单的霸主位置。

兰博基尼Miura P400（意大利，1966年）

Miura P400首次采用横向中后置发动机的布局方式，这种特别的设计当时让它备受瞩目。Miura P400的动力性能非常强悍，最高速度甚至可以达到280千米/小时。这个成绩，一般的汽车难以企及。

兰博基尼LM002（意大利，1986年）

LM002是兰博基尼历史上第一款量产越野车。他拥有近乎完美的越野能力和机械性能，这足以帮助它应对沙漠等各种恶劣环境。

兰博基尼汽车的车标是一个准备发起猛烈攻击的牛，寓意始终勇猛向前，不屈不挠。

兰博基尼Reventon（意大利，2007年）

Reventon拥有战斗机一样的炫酷造型，集各种先进设计于一身。它搭载着6.5L的V12发动机，功率高达670马力，要多凶悍就有多凶悍。这款限量版超级跑车售价高达1000多万元人民币，是兰博基尼最昂贵的车型之一。

哇哦，这车简就是我的终极梦想。

兰博基尼Huracán Coupe（意大利，2014年）

Huracán Coupe秉持兰博基尼的一贯设计风格，外观极具视觉冲击力，野性十足。这款车最高速度可达325千米/小时，百千米加速只需要3.2秒，同样以快称雄车坛。

保时捷：骏马奔驰

保时捷和大众有很深的渊源，从某种意义上来说，它们都出自一位传奇的汽车工程师之手，同宗同源。正式加入大众之后，保时捷充分发挥自己的优势，为大众集团努力添砖加瓦，创造了许多不可比拟的行业神话。

保时捷的创始人是费迪南德·保时捷，他不但开创了保时捷的历史，还亲自操刀主持设计了大众品牌的标志性车型之一——甲壳虫汽车。

保时捷356（德国，1948年）

356是保时捷品牌创立之后推出的首款量产车型，被称为"开山之作"，具有里程碑式的意义。它拥有绝佳的性能，在空气动力学的处理上也十分出色，所以很快成了人们关注的焦点。保时捷356于1956年停产，那时这款车已经生产了超过78000辆。

保时捷911（德国，1963年）

保时捷911其实是保时捷356的"接班人"。不同的是，它搭载的是6缸发动机及5速手动变速箱，采取的是2+2的座椅布局，动力性和舒适性都比保时捷356提高不少。凭借这款车型，保时捷品牌开始逐步占领跑车市场。

保时捷911最初叫901，但因标致汽车公司已经把中间带0的数字都注册过了，最保时捷901只能改名为911。

保时捷928（德国，1977年）

928是保时捷品牌第一款搭载前置V8发动机的量产车型，动力更强，舒适程度更高。但因为价格高昂，它的销量有些一般。

保时捷车标上除了有一匹腾跃而起的黑马及公司所在地的名字，还有德国国旗、厂徽等元素。它整体看起来就像一块无坚不摧的盾牌。

保时捷959（德国，1986年）

若说起保时捷最经典的车型，那么保时捷959绝对榜上有名。它配备了动力出众的引擎，以及当时看来十分先进的四驱系统，因此，各项性能都非常强悍。就连比尔·盖茨等名人都深深为它着迷。

第三代保时捷Cayenne（德国，2017年）

与之前的"哥哥们"相比，第三代保时捷Cayenne在车身尺寸、进气格栅及车灯等方面有了明显变化，融合了全新的设计元素。此外，无论是科技应用，还是动力性能方面，它同样有很大的进步。所以这款中大型豪华SUV一登场，就成了很多人心中的"Dream Car"。

逆风收购

2005年左右，拥有超凡实力的保时捷为了扩大"版图"，全力收购大众的股份。本以为经历种种波折，保时捷成功指日可待，没想到经济危机到来了。保时捷的业绩下滑得厉害，无法继续完成收购计划。2009年，保时捷提出，想要与大众合并，但没想到，大众此时掌握了主导权。最终，双方经过一系列的复杂谈判，大众分两次收购保时捷股权，成功将保时捷收入囊中。

大车风范

作为汽车界的"王者至尊",大众集团旗下有十几个子品牌。这些品牌中除了我们熟知的奢华典雅的超跑、品质过硬的轿车,还有一些霸气十足的卡车、货车、巴士等。这些成员同样是大众重要的"代言人",扮演着举足轻重的角色。

斯堪尼亚

斯堪尼亚是一家瑞典卡车制造商,拥有100多年的历史,技术十分先进,它所生产的巴士、重卡远销全世界,是世界顶级商用汽车制造商之一。早在2000年,大众就开始着手对斯堪尼亚进行收购,2014年,它的收购计划基本完成。

早在20世纪初,斯堪尼亚就制造出了第一辆卡车。

斯堪尼亚G480 6X2(瑞典,2015年)

斯堪尼亚G480 6X2外观时尚大气,犹如一个肌肉感满满的"钢铁侠"。它是一款高效的长途牵引车,具有操控性强、安全性高、舒适性好的特点。

斯堪尼亚Touring(瑞典,2009年)

斯堪尼亚巴士在汽车行十分有名,世界上有许多国从斯堪尼亚订购巴士底盘、途观光巴士及城际巴士。这车是斯堪尼亚与中国苏州金公司共同打造的一款客车,国内外市场深受欢迎。

德国曼

　　德国曼是大众"商业卡车帝国"的另一支中坚力量。平时，它的业务涉及卡车、客车、柴油发动机及透平机械等多个领域，要知道，这每一项业务水平在全球都是"拔尖"的。

德国曼TGX（德国，2007年）

　　TGX是很多长距离国际运输公司的首选。它搭载的是D2676发动机，可以提供540马力的超强动力。

太脱拉

　　太脱拉重卡有多彪悍？它们搭载着10缸或12缸的风冷发动机，匹配着十速卧式变速箱，而且低速扭矩也十分厉害。坦克爬不了的坡，它们能！高山、沟坎难过，它们能！所以，许多硬派越野车在"世界越野车之王"面前，只有被秒杀的份儿。

　　1956年，太脱拉推出了历史上赫赫有名的T603汽车。

太脱拉凤凰（PHOENIX）限量版（捷克，2017年）

　　这是一款太脱拉为纪念汽车下线120周年特别打造的限量卡车。可以说无论"颜值"还是"性能"，它在卡车界都是出类拔萃的。

通用之浮沉

在世界汽车领域，有一个响当当的名字——通用。从公司建立到今天，它足足有110多年的历史了。这期间，通用一步一个脚印，用超强的实力开创了属于自己的辉煌时代。如今，它早已成长为一个"汽车巨人"，旗下品牌所生产的汽车畅销120多个国家和地区。

通用伊始

1904年，美国马车制造商威廉姆·C.杜兰特抓住机会，买下了别克汽车公司。因为后期宣传得当，别克汽车公司发展得顺风顺水，拿到不少订单，迅速成为全美最大的汽车制造商。1908年9月16日，杜兰特以别克汽车公司为基础，成立了规模更大的通用汽车公司。后来，通用把凯迪拉克、奥兹莫比尔、奥克兰等知名的汽车公司纳入到了自己的麾下。

威廉姆·C.杜兰特执掌别克公司以后，在1907年隆重推出了第一款4缸车型——D型车。别克因此接到了大量订单，实力大增。

被通用收购以后，凯迪拉克推出了Cadillac Model 30车型。

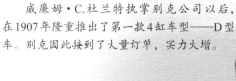

磨难中成长

让人始料未及的是，通用极速扩张"版图"带来了一系列的问题，加上当时福特"T型车"十分畅销，通用的汽车销量急转直下，通用开始出现财务危机。不过，好在银行贷款救了它。可不久，重新执掌公司的杜兰特因为一些失误，再次让通用陷入了"泥潭"。危急时刻，阿尔弗雷德·斯隆上任，提出了"不同品牌，应生产不同档次汽车"的理念，这才帮助通用迎来新生。

发展与壮大

随着时间的推移，不断有新的汽车公司加入通用的"队伍"当中。通用逐渐成长为一个世界型的汽车公司。尽管接下来的时间里，全球经济形势复杂多变，但通用汽车砥砺前行，历经一次又一次的技术变革，用很多里程碑式的经典设计，征服了消费者，为自身的发展和壮大奠定了坚实的基础。

豪华轿车的典范凯迪拉克
El Dorado（1953 年）。

破产重组

2008年，在通用汽车诞生百年之际，原本就十分低迷的美国汽车行业遭遇了严冬。通用汽车在这个大环境的影响下，又一次面临生死抉择。最终，它不得不于2009年宣布进行破产重组，只留下凯迪拉克、雪佛兰、别克和GMC四个品牌。但从那以后，"轻装上路"的通用开始焕发出新的活力，连续几年汽车销量都是遥遥领先。

雪佛兰：不断创新

作为通用汽车公司旗下最受欢迎的汽车品牌之一，雪佛兰在很多人心中有着不可撼动的"神圣"地位。百年来，它一直坚持不懈地革新技术，不断创新设计，只为突破自己，追求更长远的成功。顺着那些汽车的足迹，我们就能找到属于雪佛兰品牌的灿烂文化和厚重历史。

1908年，酷爱赛车、精通车辆设计的路易斯·雪佛兰结识了威廉姆·C.杜兰特。两人一拍即合于1911年成立了雪佛兰汽车公司，并很快发布了五座车型——Classic Six。

雪佛兰克尔维特（美国，1953年）

克尔维特拥有超强的动力、酷炫的外观及十分出色的性能，是美国跑车历史上最成功的车型之一。虽然第一代克尔维特只生产了300辆，但至今它已经推出了六代车型。

雪佛兰迈锐宝SS（美国，1964年）

为了抢占中级车市场，1964年雪佛兰推出的迈锐宝SS车型正式与公众见面。这是一款兼具美感与实用性的汽车，搭载的V8发动机，功率可达300马力。历经八代改良与发展，如今迈锐宝的市场销售成绩依然十分抢眼。

雪佛兰科迈罗（美国，1966年）

　　第一代科迈罗具有整体式的车身结构和前独立悬架配置，并且采用独立副车架支撑发动机，悬挂系统经过精心调校，展现了出色的操控性能，设计十分"前卫"。最特别的是，这款车型发布时，采取的是多城市同步进行的方式，要知道，当时这在世界上还是首创。

雪佛兰的车标犹如一款金色的蝴蝶领结，寓意雪佛兰汽车大方、优雅、气派的不凡格调。

雪佛兰开拓者 K5 Blazer（美国，1969年）

　　K5 Blazer在诞生之初就凭借搭载四轮驱动技术脱颖而出。这款车不但动力强劲，越野性能突出，可以尽情在各种荒漠上驰骋，而且空间很大，乘坐十分舒适。所以它一出现，就在短时间内登上了北美SUV畅销榜。

雪佛兰科鲁兹（美国，2008年）

　　科鲁兹是雪佛兰实施全球化战略推出的重要车型。为了扩大市场，雪佛兰果断将科鲁兹投入各大汽车赛事中。事实证明，这项举措迅速帮科鲁兹树立了良好的形象和口碑。

成熟汽车的典范——别克

作为最具美国精神的汽车品牌，别克给人一种成熟内敛的感觉。或许正是被这种高雅气质所吸引，很多人才会成为它的铁杆粉丝。一个多世纪以来，别克始终不忘初心，敢于突破，在汽车史册上镌刻下了无数的经典。

别克汽车的创始人是大卫·邓巴·别克。20世纪80年代末，他最先成立了别克自动化动力公司，主要生产发动机。后来，这家公司几经波折，于1903年重组为别克汽车公司，开始生产汽车。1904年，它被转让给了威廉姆·C. 杜兰特。

1904年，别克生产的首款车型Model B。

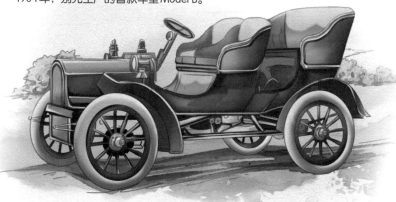

别克是最早进入中国的汽车品牌之一。

别克Century（美国，1936年）

Century是别克早期最具代表性的车型之一。它当时搭载的是直列8缸发动机，重量足足有2.7吨。这款车外表大气沉稳，低调又不失奢华，很受政界人士和商界名流的青睐。

别克Roadmaster Riviera（美国，1949年）

Roadmaster Riviera的车身很有飞机机身的既视感。那从挡泥板延伸到车门的腰线，时尚大胆，让人耳目一新。它搭载的是直列8缸发动机，并匹配着四轮液压制动系统和自动变速器。上市第一年，这款车的销量就十分可观。

Roadmaster Riviera是别克品牌首款硬顶敞篷跑车。

别克汽车的车标看起来像三个盾牌，它象征着积极进取、不断攀登、超越的勇敢精神。

别克Riviera（美国，1963年）

Riviera的设计风格与别克之前的"父辈们"有很大不同。它具有雕塑感极强的艺术线条、低矮的车身及绝佳的性能，被誉为"当时最美丽的美国汽车"。

别克Park Avenue（美国，1990年）

Park Avenue是别克豪华汽车中的典型代表。它具有流畅的三厢造型，比较顺应时代潮流，符合现代审美观念。

别克昂科雷Enclave（美国，2007年）

市场上大多数SUV看起来比较硬朗、霸气十足，而别克却另辟蹊径，于2007年推出了典雅、大气又柔美的昂科雷。

豪车的代表——凯迪拉克

在隽永的汽车历史长河中，凯迪拉克用创新性的设计、极致奢华的格调留下了无数闪亮的足迹。每一款凯迪拉克，都是蕴含时代变迁故事的经典。作为最具代表性的高端汽车品牌，它一直在追求自我突破，努力续写凯迪拉克风范，为豪华车代言。

1890年，机械师出身的亨利·利兰创建了一家生产汽车零部件的公司。可这家公司很快因资金等问题倒闭了。1902年，胆识过人的亨利·利兰又创建了新的公司——凯迪拉克。

凯迪拉克Victoria Coupe（美国，1918年）

Victoria Coupe整体造型看起来非常优美，尤其是尾部的弧度设计很特别。它当时搭载了先进的Delco电子系统，有70马力，是世界上第一款量产的配备V8发动机的车型。

凯迪拉克V16 Sport Phaeton（美国，1931年）

V16 Sport Phaeton创造性地搭载了16缸发动机，这使它成为当时世界上马力最大的汽车之一。这款车一推出，立即受到追捧。

美国流行巨星"猫王"一生之中曾拥有100多辆凯迪拉克，其中就包括一辆粉色的"萌宠"。

凯迪拉克Le Mans概念车（美国，1953年）

Le Mans概念车属于革命性的"创新作品"，对后世汽车的设计发展具有深远的影响。它的流线身形及记忆座椅功能等，在当时都是非常前卫、新潮的设计。

凯迪拉克这个名字是为了纪念18世纪法国底特律城的创建者安东尼·门斯·凯迪拉克而取的。而凯迪拉克的车标设计灵感则是来自于凯迪拉克先生使用过的徽章。

凯迪拉克Eldorado Coupe（美国，1967年）

从这款车开始，凯迪拉克逐渐告别了原有夸张、大胆的设计风格，变得更加注重技术应用。Eldorado Coupe不但首次采用了前轮驱动技术，而且还安装了立体收音机、加热座椅、冷暖空调等一系列的配套设施。

凯迪拉克Allante（美国，1987年）

Allante双座敞篷车是凯迪拉克的一款旗舰车型，无论在品质还是细节上，几乎都无懈可击。它的出现，改变了欧洲汽车长期主导美国豪华轿车领域的格局，从此，凯迪拉克开始成为豪华车的象征。

凯迪拉克ATS（美国，2012年）

作为一款紧凑运动型轿车，ATS用出色的驱动平台、完美的动力表现及低油耗等特性成功跻身世界豪车的前列，是凯迪拉克家族中的标志性车型之一。

41

欧宝：欧洲的宝车

从缝纫机到自行车，再从自行车到汽车，欧宝自成立至今，已有100多年的历史了。期间，它遭遇过两次致命的大火，也曾饱受世界大战的考验，但都顽强地生存了下来。现在，欧宝依旧保持旺盛的生命力，演绎着属于自己的传奇故事。

1863年，Adam Opel创建了欧宝公司，最初主要生产自行车和缝纫机。20世纪80年代末，阿德姆·奥贝尔的儿子们决定涉足汽车制造业，从而拉开了欧宝生产汽车的序幕。

欧宝System Lutzmann（德国，1899年）

System Lutzmann是欧宝生产的第一款汽车。虽然当时System Lutzmann配备的是单缸引擎，只有3.5马力，可它却是世界上最早的四轮汽车之一。

欧宝Laubfrosch（德国，1924年）

Laubfrosch为一款双座跑车，搭载8缸引擎，拥有干式多片离合器及四轮油压刹车系统等多种先进配置。出色的性能加上流线型的车尾设计等时尚元素，让它十分畅销。

欧宝Captain（德国，1939年）

Captain是一款专门供政府人士使用的豪华轿车。车身由全钢打造，车内安装着中央时速表、暖气空调、电扇等设施。在动力方面，Captain配以2.5L 6缸引擎。

欧宝GT（德国，1968年）

GT看起来小巧精致，整体造型十分漂亮。最重要的是，这款车百千米加速只需要10.8秒，并且拥有185千米/小时的最高速度。所以，当时它一上市，很快便风靡美国。

欧宝汽车的车标图案像一道划破长空的闪电，这一方面预示欧宝汽车拥有风驰电掣般的速度，另一方面则突出了欧宝在空气动力学方面所取得的一系列成就。

欧宝Calibra（德国，1989年）

Calibra的造型似乎没有什么过人之处，不过它的超低风阻却非一般车型可比。要知道，Calibra早期搭载的发动机只有116马力，可是它当时却能创造出200千米/小时的速度纪录。

欧宝Adam（德国，2014年）

Adam的"个头儿"和大名鼎鼎的Smart差不多，前脸造型也十分俏皮可爱。这款外形别致、低碳环保的小型车一上市就引发了无数关注。

这么经典的车型，必须拍照发朋友圈啊！

豪车家族菲亚特

在长达一个多世纪的时间里，菲亚特一直稳坐欧洲最大汽车制造商的宝座。它是意大利的神话，也是整个汽车行业璀璨的明珠。虽历经了百年风雨，可菲亚特并未老去，风采依旧。

"工业王国"诞生

1899年，乔瓦尼·阿涅利，联合一些贵族和企业家共同建立了都灵汽车制造厂。1900年，工厂正式落成，不过当时工厂规模不大，工人也只有150名，主要生产、制造微型车。

菲亚特的首款车型FIAT 3 1/2 H 看起来有点儿像马车。

1902年，驾驶菲亚特 24 HP Corsa 参加比赛的 Vincenzo Lancia（蓝旗亚创始人）。

壮大扩张

为了扩大知名度，从而增加销量，亚特开始打造赛车去参加各种比赛。个方法十分奏效，菲亚特品牌渐渐被起越多的人知晓。短短几年间，菲亚特汽不但畅销欧洲，而且还出口到了美国。1910年，它已经成长为意大利最大的汽公司了。

菲亚特1908年生产FIACRE车，当时的纽约黎、伦敦的随处可见。

44

疯狂收购

20世纪60年代末，实力非凡的菲亚特开启了"收购模式"，接连将蓝旗亚、法拉利这样的大品牌"收入囊中"。之后，它又成功拥有了阿尔法·罗密欧和玛莎拉蒂。因为这些新鲜血液的注入，菲亚特的影响力变得越来越大，于是迎来了最辉煌、鼎盛的时期。

法拉利212E赢得了1969年欧洲山地锦标赛的冠军。

1969年以后，法拉利虽然归菲亚特所有，但仍可以继续参加各类汽车比赛。

合二为一

2007年，美国爆发金融危机，多家汽车品牌风雨飘摇，濒临破产，其中就包括曾经风光无限的老牌车企克莱斯勒。充满野心的菲亚特见此，马上开展并购计划，逐步强化了对克莱斯勒的控制权。2014年，经过长时间的磋商，双方正式合二为一，成为世界第七大汽车集团"菲亚特·克莱斯勒"。

从2014款菲亚特致悦Ottimo的内饰中，我们能感觉到浓郁的克莱斯勒气息。

多样的车型

　　纵观菲亚特汽车公司的百年历史，菲亚特品牌无疑是它前行路上的最大功臣。为了满足不同消费者的需求，多年来，菲亚特品牌推出了各种车型。它们的个头儿有大有小，模样或霸气或精致，但值得注意的是，每一款都是很多人心中永恒的经典。

菲亚特500 Topolino（意大利，1936年）

　　这款车价格低廉又很实用，能实现很多人的汽车梦，所以一面世便迅速占领了市场。尽管当时它的最大功率只有13马力，最高速度才85千米/小时，可它依旧是人们心中购车的不二之选。

　　1955年，菲亚特600上市。它以亲民的价格和良好的燃油经济性为菲亚特赢得了口碑。

您放心，我们的车绝对靠谱。

菲亚特124 Sport Spider（意大利，1966年）

　　124 Sport Spider是著名设计师宾尼法利纳的作品。流畅的车身结构，优雅迷人的"气质"，让它在众多汽车中脱颖而出，一跃成为当时在意大利乃至很多国家最受欢迎的车型之一。

菲亚特Panda（意大利，1980年）

　　Panda是菲亚特品牌很有代表性的一款经济车，小巧又实用。别看它身上似乎没什么奢华的气质，可受欢迎程度却丝毫不比那些顶级豪车差。要知道，第一代Panda的销量就达到了450万台。

　　菲亚特车标上的字母来源于意大利都灵汽车厂意文名字的首字母。

菲亚特Palio（意大利，1996年）

　　Palio外观时尚，很年轻化，最重要的是可以一车多用。特别的座位设计能满足消费者的不同需求，举家出行，外出办公，驾乘起来都十分方便。

菲亚特500L（意大利，2012年）

　　菲亚特500L的整体风格与菲亚特500十分类似，造型同样时尚、富有朝气。不过，它的车身却比菲亚特500宽得多，符合多用途汽车（MVP）的特质，比较实用。

赫赫有名的蓝旗亚

论资历，蓝旗亚不及福特、大众这样的"老前辈"；论吸引力，它比法拉利、兰博基尼这样的大品牌略逊一筹。但不走寻常路的蓝旗亚却创造了辉煌的历史，拥有无数闪耀时刻。蓝旗亚不向往浮华，也不喜欢随波逐流，唯有性能与品味才是它一直以来的执着追求。

1906年，年仅25岁的文森佐·蓝旗亚在意大利都灵创建了"蓝旗亚"公司。

开上我心爱的蓝旗亚～

蓝旗亚 Alpha（意大利，1907年）

蓝旗亚公司成立后不久，就推出了首款车型"Alpha"。它性能出众，而且外观很有个性。文森佐·蓝旗亚曾多次驾驶Alpha在车赛中获胜，这为蓝旗亚品牌赢得了极高的声誉。

蓝旗亚 Lambda（意大利，1922年）

Lambda是汽车历史上最具革命性的车型之一。它最先采用了一体化承载式的车身结构及前独立悬挂系统。这种设计对整个汽车行业的发展起到巨大的推动作用。

蓝旗亚Ardea（意大利，1948年）

Ardea是一款小型家用车，它当时搭载着V4发动机，采用前置引擎、后轮驱动的布局方式。最特别的是，这款车拥有5速变速箱。

蓝旗亚的车标文字取自于创始人文森佐·蓝旗亚的名字，而"蓝旗亚"在意大利语中的意思是长矛。

1950年，蓝旗亚继续领跑，推出了世界首辆搭载量产V6引擎的汽车Aurelia。

蓝旗亚 Stratos HF（意大利，1973年）

Stratos HF造型别致，设计风格前卫大胆，看起来如太空船一般，而且它的动力强劲，速度惊人。1974—1976年，Stratos HF连续三年登上WRC年度总冠军的宝座，成为蓝旗亚历史上的"赛车传奇"。

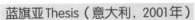

蓝旗亚Thesis（意大利，2001年）

蓝旗亚Thesis具有典型的意大利汽车血统，给人一种典雅、高贵之感。它那高大的格栅、楔形的侧面轮廓、钻石形状的车灯及长长的车身，无不彰显着设计艺术的魅力。

蓝旗亚Thesis汽车曾被当作礼物送给罗马教皇。

克莱斯勒，变身！

　　克莱斯勒是久负盛名的美国三大汽车公司之一，创建于1925年。因为管理有方一直致力于创新、改进产品，它很快发展起来，成为比肩福特和通用的汽车生产商。多年来，克莱斯勒制造了很多标志性及极富创意的车型，为人类汽车文明做出了突出贡献。

沃尔特·克莱斯勒和"克莱斯勒 Six"汽车

　　1924年，沃尔特·克莱斯勒与另外几名设计师推出了"克莱斯勒Six"汽车，这款车大受欢迎。第二年沃尔特·克莱斯勒就果断成立了克莱斯勒公司。

克莱斯勒 Airflow（美国，1934年）

　　在人类汽车历史上，流线型车身无疑是一个重要的转折点。而克莱斯勒公司设计的"Airflow"堪称流线型汽车的"鼻祖"。除了优秀的动力学设计，Airflow在操控及舒适性等方面都十分出色，可惜这款车当时的销量并不理想。

　　建于1926年的克莱斯勒大厦坐落在纽约市中心。它高319米，曾是世界上最高的大厦。

克莱斯勒 Town & Country（美国，1941年）

　　20世纪40年代，克莱斯勒推出了一种风格时尚的流线型旅行轿车——Town & Country。它又分为双门轿车、敞篷车等几种类别，这些富有浪漫情怀的车型都比较受欢迎。

克莱斯勒300（美国，1955年）

克莱斯勒300面世时，搭载的就是拥有300马力的HEMI V8发动机，速度非常惊人。之后，它多次在强手如云的赛场上大放异彩，连赢十几场冠军，从此一炮而红。

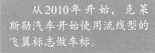

从2010年开始，克莱斯勒汽车开始使用流线型的飞翼标志做车标。

20世纪60年代，克莱斯勒300系列彻底"大变身"，开始采用整体式车身。这就是极富美感和视觉冲击力的克莱斯勒300F。

克莱斯勒Laser（美国，1984年）

Laser具有典型的20世纪80年代汽车的造型，集轿车、旅行车和厢式货车功能于一身，是它开启了MPV时代。遗憾的是，这款车只存在了三年，就匆匆退出了历史舞台。

新一代克莱斯勒300C（美国，2011年）

新一代300C从做工、性能到设计风格，都进行了大胆创新，堪称豪华车型中一个全新的标杆。比较特别的是，这款车还兼具舒适性与燃油经济性，因此得到了消费者的充分肯定。

道奇兄弟闯天下

道奇汽车是美式汽车精神的卓越代表。100多年来，无论是它的SUV、皮卡，还是霸气的肌肉车，无不彰显出满满的硬汉风格。从这些车身上，我们能看到暴力美学的极致之美，也能探寻到沉淀其中的时代印记。

1900年，哥哥约翰·道奇和弟弟霍瑞德·道奇共同创立了道奇兄弟公司，最初主要为包括福特在内的厂商生产汽车引擎和底盘等零部件。从1914年开始，道奇走上了自己制造汽车的道路。

1920年，道奇兄弟先后因疾病去世。1928年，道奇汽车被克莱斯勒正式收购，成为其旗下的一个子公司。

道奇 Model 30（美国，1914年）

1914年，道奇兄弟推出了第一款道奇汽车 Model 30。这款车车身为全钢结构，搭载4缸引擎，整体性能比当时十分畅销的福特"T型车"还好，因此在汽车市场上广受好评。

道奇 Luxury Liner（美国，1939年）

为纪念品牌成立25周年，道奇在1939年推出 Luxury Liner 系列纪念款车型。它们格调奢华，身形出众，而且还拥有封闭式前大灯等多项前卫的特别设计。可以说，Luxury Liner 一面世就开始引领20世纪40年代的汽车消费潮流。

道奇 Dart（美国，1960年）

道奇于20世纪60年代初推出的 Dart 车型，是典型的经济适用车。这款车虽然定位不高，不过却在美国本土大受欢迎。它第一年就创下了32万辆的销量，占当年道奇品牌汽车总销量的88%。

道奇挑战者Challenger（美国，1970年）

为了和福特野马、雪佛兰科迈罗一较高下，道奇顺应时代脉搏，以大排量和硬朗格调为主要设计方向，推出了风格鲜明的肌肉车Challenger。依据动力系统的差异，Challenger分为四款车型，其中有三款车型搭载的是V8发动机。

在"字母车标"v出现之前，道奇的标志一直是雄姿勃发的"羊头"。

第四代道奇Ram（美国，2009年）

作为道奇的一款经典皮卡，Ram多年来备受大众喜爱。与以往车型相比，第四代Ram的动力性、燃油经济性及舒适程度都有了明显进步。

1992年，极具侵略性的道奇蝰蛇Viper跑车面世。

不是所有吉普都叫 "Jeep"

Jeep 诞生于硝烟弥漫的战争时代，一路走来，它始终秉持着无所畏惧的精神，展示着淋漓尽致的野性美。70 年来，Jeep 不变的是品牌内涵，更是信念和情怀。正如它的广告语所言：不是所有吉普都叫 Jeep。

第二次世界大战期间，因战争需要，标准化的威利斯 MB 吉普车登上历史舞台，并成为各个战场的必备车，因此获得了 "Jeep" 的昵称。1950 年，"Jeep" 正式被威利斯-奥佛兰德公司注册为商标。在这之前，"Jeep" 是美式吉普车的统称，并未作为官方商标使用。

JEEP CJ-2A（美国，1945 年）

CJ-2A 是威利斯二战后第一批大量生产的吉普车。当时很多美国士兵在战后都会买一辆吉普回家以示纪念。所以，在短短四五年间，CJ-2A 的销量就达到了 21 万多辆。

JEEP Jeepster（美国，1948 年）

Jeepster 是威利斯打造的一款运动型生活用车。这款车不仅有强大的动力，而且色彩非常炫亮，十分吸引眼球。可惜，Jeepster 当时的销量并不是很理想。不过，在数十年后，它却成了很多吉普收藏家的最爱。

JEEP CJ-5（美国，1955 年）

1953 年，威利斯的吉普部门被美国汽车公司收购。1955 年，新公司就推出了 CJ-5 吉普车。CJ-5 具有乘坐舒适、动力强劲等多方面的优势，很快成了人们选择越野车的第一考虑对象。

JEEP Super wagoneer（美国，1966年）

Super wagoneer搭载V8发动机和四驱系统，具有更大的车身尺寸及镀铬行李架，它那白色的胎壁轮胎和三色条喷涂车身尤为令人心动。相比较而言，Super wagoneer展现出更加豪华的气质，适合一些中高端消费者。

Jeep汽车的车标简单明了，就是英文"吉普"的意思。

JEEP Wrangler（美国，1986年）

与传统的CJ系列相比，Wrangler的重心更低、操控性更强，且舒适程度更高。最让人心仪的是，Wrangler的动力表现极为出色。它一上市就取得了巨大的成功。历经几代发展，Wrangler一直是全世界四驱汽车爱好者心中的"梦想之车"。

2019款第四代牧马人

JEEP Compass（美国，2007年）

车如其名，Compass与生俱来有一种"大气磅礴"的王者风范。它用先进的配置、卓越的动力性能及独有的气质征服了众多消费者。

赛车手之车

在汽车王国里，有一个庞大的"军团"令人瞩目。它们魅力四射，追求极限，对胜利、刷新纪录有莫大的渴望，仿佛只为赛道而生。你猜到了吗？它们就是充满激情的"赛车阵营"。法拉利、玛莎拉蒂、阿尔法·罗密欧……这些品牌因赛车声名鹊起，铸就了各自的辉煌时代。

1947年，赛车运动员出身的恩佐·法拉利在意大利创建了"法拉利汽车制造公司"，开始生产赛车。

法拉利125 S（意大利，1947年）

125 S搭载V12发动机，功率能达到100马力。对于一辆车来说，这在当时是非常了不起的成就。作为法拉利品牌创立后生产的第一款车，125 S为法拉利日后的发展奠定了坚实的基础。

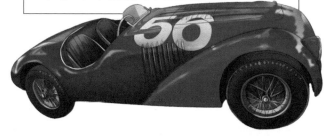

法拉利500F2（意大利，1951年）

500F2重心低，重量轻，外形紧凑。重要的是，它配备的4缸发动机最大功率可达220马力左右。无论是操纵性还是反应能力，绝对都是一流水准。

1952—1953年，著名的"米兰飞人"阿尔贝托·阿斯卡利驾驶着法拉利500F2赛车，在赛道上屡创佳绩，连续两年夺取了F1世界锦标赛冠军。当时很多车手借助500F2赛车问鼎各项赛事的冠军。500F2赛车因此获得了"超级法拉利"的赞誉。

法拉利250 GTO（意大利，1962年）

　　250 GTO代表了20世纪60年代法拉利的最高水平，是法拉利历史上的一个巅峰。它百千米加速只需要5.8秒，各项性能指标在当时让很多赛车无法企及。60年代的大多数赛事冠军都被其收入囊中。

法拉利车标由跃起的黑马、意大利国旗、代表法拉利车队的"SF"等元素构成。

法拉利F40（意大利，1987年）

　　F40的车身由碳纤维为主的复合材料打造而成，具有硬度强且重量轻的优势。它的最大功率为478马力，最高速度可达324千米/小时。这款车是为纪念法拉利成立40周年特别推出的车型，受到了车迷的疯狂追捧。

法拉利F50（意大利，1995年）

　　与过去的车型相比，法拉利F50的造型更加个性。超大的通风孔、高耸的"鼻子"、圆滑的大灯及弧形的进气口等，让它看起来就像一条穿梭于车流中的梭鱼。

法拉利Portofino（意大利，2017年）

　　这款车以意大利古里亚海岸的一个美丽小镇命名，造型和细节方面都充满意式风情。虽然它的价格不贵，但同样保有法拉利的赛车血统，能让你体验到专属于法拉利的狂野和激情。

1914年，意大利玛莎拉蒂家族三兄弟共同创建了玛莎拉蒂公司，最初公司只是经营汽车改装及一些赛车方面的业务。

玛莎拉蒂Tipo 26（意大利，1926年）

Tipo 26由玛莎拉蒂几兄弟自行设计，搭载的是1.5L直列8缸发动机，速度可达160千米/小时。同一年，公司创始人之一Alfieri驾驶这款赛车出征Targa Florio耐力赛，首战就拿到了同级别第一名的好成绩。自此，玛莎拉蒂开始走进人们的视野。

1930年，在蒙扎大奖赛上，玛莎拉蒂的Tipo 26M赛车包揽了冠亚军。

玛莎拉蒂250F（意大利，1954年）

从1954年开始，玛莎拉蒂进入其赛车史上最辉煌的时期之一。期间，为顺应赛制的改变，玛莎拉蒂设计生产出了250F赛车。这款车采用直列6缸引擎，功率足足有240马力。

1954—1958年，世界著名赛车手胡安·曼纽尔·方吉奥曾利用250F赢得了众多比赛的胜利。玛莎拉蒂也因此名声大噪。

玛莎拉蒂Quattroporte（意大利，1963年）

　　玛莎拉蒂在赛场上表现卓越，名声大振，它开始进军民用汽车市场。而Quattroporte车型是其颇具代表性的"成名作"之一。这款车外观沉稳大气，一点儿也不浮夸，内部装饰采用极为考究的材料。在1966年改版之后，Quattroporte受关注度越来越高，成了众多社会名流和政要的首选座驾。

　　玛莎拉蒂的车标中有一个象征着活力与力量的"三叉戟"，它的灵感来自意大利博洛尼亚广场海神雕塑手中的"武器"。

玛莎拉蒂Boomerang Italdesign（意大利，1971年）

　　Boomerang是一款概念车，由著名设计师乔治亚罗操刀设计，一经问世，就引起了轰动。它的外形采用了独特的楔形形态，如同一架飞行器。

玛莎拉蒂MC12（意大利，2004年）

　　玛莎拉蒂MC12是一款中置引擎超级跑车，车身由碳纤维制成，最高车速超过330千米/小时。

玛莎拉蒂Levante SUV（意大利，2016年）

　　Levante SUV是玛莎拉蒂在豪华车领域的又一经典力作。它拥有一系列的高端系统和亮点配置，能让我们在享受强悍动力的同时，拥有舒适、愉快的驾乘体验。

1910年，意大利投资集团接管法国汽车制造商Alexandre Darracq在米兰的工厂，并在其基础上成立了Alfa汽车公司。

阿尔法·罗密欧24HP（意大利，1910年）

24HP是Alfa公司的首款汽车，搭载直列4缸发动机，功率大约为22马力。1911年，两位赛车手驾驶24HP参加Targa Florio开放道路挑战赛，结果却以失败告终，不过在这次比赛中，Alfa品牌成功引起了人们的注意。

第一次世界大战结束后，Alfa于1920年正式更名为Alfa Romeo。

阿尔法·罗密欧P2（意大利，1924年）

P2赛车搭载了让人津津乐道的直列8缸发动机，功率达145～160马力，它的动力性能在当时堪称一流。恰逢此时，三位顶级赛车手加入了Alfa Romeo车队，组成黄金组合。1924—1925年，他们驾驶P2赛车多次获得Grand Prix大奖赛的冠军。Alfa Romeo的名字很快享誉国际车坛。

阿尔法·罗密欧Tipo 159（意大利，1951年）

　　Alfa Romeo在制造赛车的路上一直精益求精。Tipo 159拥有复杂的迪翁轴悬架，这使得它在操控上很有优势。不仅如此，Tipo 159的功率甚至超过400马力，但超高的油耗却让这款车在赛场上有些力不从心。此后，Alfa Romeo转而着重研发民用汽车。

　　阿尔法·罗密欧车标上的红色十字取自米兰城盾形徽章，而"吃人龙形蛇"图案则来源于一个古老贵族的家徽。二者结合组成了风格鲜明的车标。

阿尔法·罗密欧Giulia Sprint GTA（意大利，1965年）

　　Giulia Sprint GTA是一款民用汽车。它的重量仅为740千克，发动机功率最大可达170马力。绝佳的性能让Giulia Sprint GTA接连在几年间的大赛上捧回冠军奖杯。

　　1967年，Alfa Romeo又推出了一款赛道利器Tipo 33。它同样为Alfa Romeo赢得了无数荣誉。

阿尔法·罗密欧新一代Giulietta（意大利，2010年）

　　2010年，阿尔法·罗密欧迎来了100岁的生日。在这个特殊时刻，阿尔法·罗密欧推出了一款纪念车型——新Giulietta。这款车拥有传统的意式车基因和阿尔法·罗密欧元素，处处洋溢着动感和激情。在动力性能及燃油经济性等方面，它同样具备很多优势。

阿尔法·罗密欧汽车显著的标志——盾形进气格栅。

由天入地——宝马

宝马是欧洲乃至全世界最知名的汽车品牌之一。与许多公司追求量产第一不同，它一直以来都将汽车的品质与性能列为首要衡量标准。所以，我们才能见证那么多款"传奇车王"的诞生。岁月流逝，风云变幻，而宝马始终如一，魅力不减，风采更盛。

从发动机到汽车

宝马创立初期是一家飞机发动机的制造商，曾因设计生产直列6缸发动机出名。第一次世界大战结束后，宝马公司重组，同时转做摩托车。没过几年，它又将目光锁定在汽车领域，于1929年收购Dixi公司，正式涉足汽车制造业。1932年，宝马生产出了自己的第一款汽车——3/20 AM-1。

328车型是宝马品牌历史上重要的里程碑之一。

飞速发展

1934年，宝马公司研究出了303车型。这款车不仅是所有6缸车型的始祖，还是第一款匹配双肾形散热器格栅的汽车。两年之后，宝马又生产出了一款328跑车。它迅速席卷运动型汽车领域，开始牢牢统治20世纪30年代的跑车赛场，几乎战无不胜。

1951年，宝马推出豪华汽车501，随后又推出匹配V8发动机的507跑车。

陷入窘境

"二战"期间，宝马为德国政府制造了飞机发动机、汽车及摩托车。战后，尽管宝马努力恢复生产，推出了几款汽车，但由于多种原因，大部分销量平平，公司面临严重的财务危机，处境艰难。

宝马507跑车

1955年，宝马发布著名的Isetta"气泡"汽车。尽管这款车曾风靡一时，销量高达16万辆，可是它依然无法使宝马摆脱财务困境。

绝处逢生

1959年，宝马濒临破产之际，Quandt家族决定对其进行投资，使它免遭被戴姆勒-奔驰汽车公司收购的危机。在新的管理团队的带领下，宝马转危为安，相继发布多个车系。与此同时，宝马还不忘壮大队伍，先后收购了Glas、和英国罗孚集团等品牌。随着时间的推移，宝马的实力进一步增强。

1961年亮相并在次年投入市场的Neue klasse 1500设计新颖，款式时尚，上市后迅速走红，销量非常可观。

系列宝马

在宝马"大家族"里有十几个车系，它们的外观、性能、风格各不相同，定位和所针对的消费者也略有不同。不过，这些车系都是宝马匠心独运打造出来的精品，在各自的市场领域独领风骚。正是它们共同造就了强盛的"宝马帝国"。

宝马1系 M135i（德国，2012年）

作为宝马1系的升级版，M135i外观更时尚，更具视觉冲击力。锋利笔直的线条，别具一格的矩阵格栅，动感十足的LED尾灯……处处彰显着运动气息。此外，宽敞的内部空间、先进的驾驶辅助系统及高效的发动机技术等，都是这款车不容忽略的亮点。

宝马2系 Active Tourer（德国，2015年）

宝马2系 Active Tourer整体造型前低后高，细节设计到位，看起来动感十足。它搭载的是1.5L直列3缸涡轮增压发动机，最大功率可达136马力。这种配置当时在紧凑型豪华车中算得上是佼佼者了。

宝马3系 E21（德国，1975年）

宝马3系始于20世纪70年代，是宝马历史上最辉煌的车型之一。发展到现在，它历经了七代变革。E21是宝马3系的开山之作，以双门轿跑、2.3L直六引擎和"鲨鱼嘴"楔形车头等特别设计，吸引了大众的目光，成为同级别车型的标杆。

截至停产的时候，E21共创下了100万辆的销量。

宝马4系Gran Coupe（德国，2014年）

　　Gran Coupe是4系中的四门版车型，不但保持原有4系车型一贯的运动与优雅气质，而且还兼具实用性特征。与传统4系车型相比，它在内部空间、车身结构、隔音设计及后备厢等细节方面，都做了很大的提升。

　　宝马车标那蓝白相间的图案象征着蓝天、白云及螺旋桨，既代表了宝马曾经在航空发动机领域所取得的辉煌成就，又表达了希望宝马蓬勃向上的美好愿景。

宝马5系E12（德国，1972年）

　　这款车外形简洁大方，配备着高效的发动机，安全性也很高。虽然整体造型看起来有些中规中矩，但那好像"猪鼻子"的双肾格栅却让人印象格外深刻。和当时的很多汽车一样，它同样拥有看起来不怎么协调的单侧反光镜。尽管如此，它的出现却标志着宝马迎来了崭新的设计时代。

宝马6系GT（德国，2017年）

宝马6系GT整体造型风格鲜明，符合美学潮流，曾获得设计大奖。宽敞的空间，标志性的L形尾灯，无框车门……种种细节无不透露出它的独具匠心之处。GT有两套动力系统，分别搭载2.0T发动机和3.0T发动机，消费者可以根据需要进行选择。

E23不但匹配着智能故障检测系统，而且"装备"了一台提示续航里程及保养里程等信息的行车电脑。

宝马7系E23（德国，1977年）

20世纪70年代，豪华车市场的话语权掌握在奔驰手中。迅速成长起来的宝马迫切希望推出一款新车型，打破这种"品牌垄断"。于是，7系E23应运而生。E23的整体风格和早期的5系车差不多，不过，它的车身尺寸更大，气场明显更加"彪悍"，内饰及各种系统等也更先进。

宝马8系E31（德国，1989年）

可以说8系E31是"含着金钥匙出生"的一款车型。为了研制出这款高端车型，宝马采用了很多先进技术，耗费了大量资金。当时，绝大多数运动型汽车的风阻系数在0.3以上，而E31却能达到0.29。另一方面，它搭载5.0L的V12发动机，绝对称得上是"动力怪兽"。但因为价格过于高昂，E31的销量有些惨淡。

宝马X6（德国，2008年）

宝马X6既有轿跑的"曼妙身姿"，又有越野车的凌然气势，可谓"刚柔并济"，开创了越野车造型方面的先河。此外，它还是首款搭载"动态驱动力分配系统"的宝马车型。

动态驱动力分配系统有助于改善、解决汽车转向过度及转向不足等问题，提升汽车在行驶过程中的稳定性。

宝马Z8（德国，2000年）

Z8除了拥有令人印象深刻的复古、另类造型，还应用了一系列的创新型设计，使用了大量新材料，所以，各项性能都比较"硬核"。它曾以詹姆斯·邦德座驾的"身份"在007系列影片《黑日危机》中亮过相呢！

宝马i8（德国，2014年）

身为宝马在环保汽车领域的"开山之作"，i8一面世就吸引了全球目光。那炫酷别致的外形、高性能的混合动力系统及充满科技感的内饰等，无不向人们传达一个信息：这才是宝马汽车的水准。

i系列大都以混合动力和纯电动技术为驱动技术，是宝马旗下最环保的车系。

MINI 不迷你

从不被认可到大受推崇、风靡全球，从独树一帜到被争相模仿，MINI 用时间向我们证明，它掀起了一场怎样的汽车技术革命。时光荏苒，MINI 作为小型汽车的引领者，早已变成一种时尚标签。直至今日，它依然保有青春与活力，为世人制造各种惊喜。

MINI Classic（德国，1959年）

第一辆MINI是著名汽车工程师Sir Alec Issigonis的杰作。这款名叫MINI Classic的汽车不但采用前轮驱动等设计方式，而且巧妙地安排了横置发动机和变速箱的位置，使车内空间实现了最大化。但没想到这款车上市后却遭受冷遇，销量并不出众。

虽然初期MINI Classic在市场上的反响平平，可它并没有就此销声匿迹。到2000年退出市场，MINI Classic的销售成绩是5380000多辆。

MINI Cooper（德国，1961年）

MINI Cooper首次采用前轮盘式刹车系统，搭载双化油器发动机，功率比MINI Classic大很多，动力性能更为出色。很快，经过改良的"MINI Cooper S"就开始出征各种拉力赛，频频取得好成绩，一时间风头无两。

宝马一代MINI Cooper（德国，2001年）

新一代MINI Cooper在一定程度上继承了MINI的基本特征，但它的尺寸略大，而且内部空间及动力设计比较符合现代潮流。最重要的是，有了宝马技术的加持，新一代MINI Cooper变得更安全且富有驾驶乐趣。

宝马MINI的新车标依旧保留飞翼元素，看起来更加简洁、经典。

1994年，宝马并购罗孚集团，MINI成为宝马旗下的品牌。

宝马MINI Clubman（德国，2007年）

MINI Clubman属于一款休闲型轿车。同之前的MINI相比，它除了车内空间更大、实用性更高外，还拥有独一无二的五车门设计，方便后座乘客上下车。

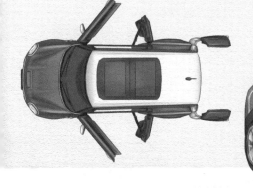

宝马MINI Coupe（德国，2011年）

MINI Coupe拥有头盔式的圆弧车顶和倾斜度更大的A柱，这让它的轿跑气息更浓，动感十足。值得注意的是，这个车系中的所有车型均配备了电动辅助方向盘等先进技术系统，以保证车辆的操控性。此外，四款动力配置也是它不容忽视的亮点。

劳斯莱斯传奇

提起劳斯莱斯，大多人脑海中涌现的词语都是"顶尖"二字。事实上，一直以来，人们都用劳斯莱斯来定义奢华。正像某句话所描述的那样，"每个买好东西的人，只买劳斯莱斯"。劳斯莱斯代表的就是品质格调和不巧魅力。

1904年，英国汽车工程师亨利·莱斯与贵族出身的汽车经销商查理·莱斯一起创办了劳斯莱斯汽车公司。

劳斯莱斯幻影I（英国，1925年）

第一代幻影搭载直列6缸发动机，配备3速或4速手动变速箱。这种先进的配置，可以让它在128.7千米/小时的速度下仍然保持安静。发展到现在，幻影已经生产了八代车型。

劳斯莱斯银云（英国，1955年）

银云是劳斯莱斯推出的一款顶级豪车，自带贵族气质和强大的气场。那优雅的水箱格栅、镀铬装饰条等个性化设计一直流传至今。

劳斯莱斯银影（英国，1965年）

在银影出现之前，劳斯莱斯家族的汽车大都是复古范儿，车身圆润。而银影的线条平直、利落，走的则是"现代化造型"路线。时尚漂亮的银影一经推出就深受大众喜爱。

劳斯莱斯汽车的标志，一个是双R，另一个是欢庆女神。两个R重叠在一起，体现了两位创始人融洽的关系。而女神象征着美丽、优雅、奢华与玲珑。欢庆女神的原型是一位叫埃莉诺·桑顿的女子，她和曾经在劳斯莱斯任职的约翰·蒙塔古有一段非常凄美的爱情故事。

劳斯莱斯古斯特（德国，2009年）

古斯特整体看起来沉稳大气，内部空间也十分宽敞。最重要的是，它的动力性、操控性及安全配置都十分出色。尽管和那些"大号劳斯莱斯"相比，古斯特显得有点小，但这款车却备受消费者青睐，是劳斯莱斯历史上最快的量产车之一。

劳斯莱斯幻影特别版（德国，2018年）

幻影被认为是生而不凡的耀世之作。无论是驾乘体验、舒适度，还是极致的奢华，在豪车界都是首屈一指。

雪铁龙：从齿轮厂起家

　　驰名世界的雪铁龙是汽车行业中为数不多的"先驱者"，也是法国汽车品牌绝对的"主角"。一个世纪以来，它从齿轮开始出发，不断创新寻求突破，出色地塑造、生产了一系列法国独一无二的标志性汽车，最终开创了属于自己的辉煌时代。

雪铁龙 Type-A 10VC（法国，1919年）

　　Type-A搭载1.3L发动机，功率约有10马力，速度可达65千米/小时。尤为让人心动的是，这款车的售价只有7950法郎，价格比其他竞争车辆要低很多，所以它很快引起轰动，雪铁龙短时间内接到了很多订单。

　　1924年，雪铁龙又推出了全钢制车身的B10车型。这款车让雪铁龙声名鹊起，进一步打开市场。之后，雪铁龙继续探索，一连生产出了几十种车型，成了法国的工业巨头。不过可惜的是，因为经济原因，雪铁龙不得不于1934年宣告破产，随后轮胎生产商米其林接管了它。

1925—1934年，雪铁龙的名字以数万颗灯泡组合的形式出现在埃菲尔铁塔上。

雪铁龙 2CV（法国，1948年）

　　2CV配备双缸发动机，车身采用轻量化的设计，风格简单质朴，坚固耐用且价格低廉。小小的车身，较低的油耗，使它成了法国城市街头的"国民车"。令人惊讶的是，这款车持续生产了42年，总共生产了超过510万辆。

雪铁龙汽车用人字形齿轮形状做车标。

雪铁龙 DS Berline（法国，1955年）

　　DS Berline是世界上第一辆液气联动悬挂系统的汽车，在汽车历史上具有重要意义。它具有与众不同的飞碟式造型，极佳的乘坐体验，各项设计都得到了消费者的普遍认可。就连著名的法国总统戴高乐都曾是DS Berline的忠实用户。

雪铁龙 CX（法国，1974年）

　　CX采用的是溜背造型，有内凹式车窗、单辐方向盘、转筒式仪表盘……这一系列的特别设计，着实颠覆了当时人们保守的审美观念。前卫大胆的风格及舒适的驾乘体验，迅速为它赢得了良好的口碑。

雪铁龙 C4 Cactus（法国，2014年）

　　C4 Cactus的设计颇为大胆，外形看起来圆润俏皮。最特别的是，C4 Cactus的车身部分加入了一种特殊的柔软材质，这可以让它更加防腐耐用，抵御轻微剐蹭。

雄狮威武——标致

标致是世界上最早的汽车生产商之一，也是法国著名的工业品牌巨头。早在汽车实现商业化之前，标致就从事汽车制造、生产业务，距今已经有一个多世纪的时间了。作为"法兰西的荣耀"，标致不但有悠久、光辉的传奇历史，更有灿烂厚重的品牌文化。

1810年，标致家族在法国小城索肖成立了"标致公司"，当时主要生产、加工一些金属零件。随着时间的推移，标致家族的生意越做越大，产品包括钢锯、弹簧、咖啡机……种类越来越多。20世纪80年代以后，标致公司开始主做自行车和摩托车。1889年，标致生产出了第一辆以"标致"命名的汽车。

标致 Type 2（法国，1890年）

Type 2当时装载了戴姆勒发动机，是标致旗下首款由汽油驱动的原型汽车。这款车的出现，代表标致汽车品牌正式诞生。

标致 BP-1（法国，1912年）

BP-1由布加迪先生亲自操刀设计，为标致推出的第二代"标致宝贝"。与第一代"标致宝贝"相比，它在外观及性能上都有了很大的变化。到1916年停产时，BP-1的产量超过3000辆。

标致 401 Eclipse（法国，1934年）

401 Eclipse是标致历史上第一款硬顶敞篷车，也是世界硬顶敞篷车的"鼻祖"。福特及梅赛德斯·奔驰等品牌都曾借鉴这一创意设计过不同类型的敞篷车。

标致403（法国，1955年）

　　403采用整体式车身结构，线条流畅，气质"高雅"。而且它首创安装了弧形挡风玻璃，曾广受好评。量产当年，这款车的销量就超过10万辆，最终的销量更是超过了120万辆，为标致创造了新的历史。

标致汽车的车标是霸气威猛的狮子形象。

　　1965年，世界首辆配备前轮驱动的汽车标致204面世。

标致205（法国，1985年）

　　205是一款掀背式汽车，性能优良，"运动基因"强大。它为标致赢得了1985年和1986年的世界拉力锦标赛冠军。205因赛道光环成了人们心中的"神车"，销售非常火爆。

坡后右转，小心地面。

收到。

标致205 Turbo 16

标致408（法国，2010年）

　　408是一款中级家用车。从外表来看，这款车很"标致化"，设计风格大气时尚。它的内饰配置相当齐全，车内空间宽敞舒适，视野开阔。尤为重要的是，408的操控性能极佳，因此很受消费者欢迎。

捷豹路虎是一家

　　或许有些人很难想到，捷豹、路虎这两大顶级奢华汽车品牌来自一家公司，是一对"好兄弟"。尽管它们的"年龄"不同，生产的汽车各有特色，成为"手足"的时间也不长，但这两大品牌早已紧紧联系在一起，是名副其实的"豪车兄弟团"。

　　1922年，酷爱摩托车的威廉·里昂斯与朋友威廉姆斯·沃姆斯勒成立了一家摩托车公司，名为Swallow Sidecar。五年之后，Swallow Sidecar 公司开始涉足汽车制造，为奥斯丁7型汽车设计车身，随后尝试开始制造汽车。1934年，Swallow Sidecar 公司更名为"SS"公司，此时，公司已由威廉·里昂斯独自掌权。"二战"结束不久，"SS"公司正式更名为"捷豹"。

捷豹SS100（英国，1935年）

　　在首款敞篷双人座跑车——SS90销售状况不佳后，捷豹公司经过精心改良，又推出了SS100。SS100配备着新款大灯、散热器及油箱，而且搭载全新发动机，功率提升了不少。这一系列的改良设计，使它成为"二战"前最经典的跑车之一。

捷豹XK120（英国，1948年）

　　XK120采用全铝合金材质流线型车身，配备扭杆式独立前悬架，最特别的是搭载3.4LXK直6发动机，速度可达132千米/小时。绝佳的性能让XK120为捷豹赢得了很多荣誉，深受消费者认可。

捷豹E-TYPE（英国，1961年）

　　E-TYPE的外形奇特，给人一种时尚、灵动的飘逸之感，被公认为捷豹汽车历史上最美丽的车型之一，素来被称以"艺术瑰宝"。而E-TYPE也不负所望，一亮相就引起极大轰动。为了彰显品位，当时很多演艺界人士都将其视为自己的首选车型。

　　捷豹的车标是腾空前扑的美洲豹雕塑，极具视觉冲击力。它一方面既能体现公司名称，另一方面又能充分彰显捷豹汽车的速度与力量。

捷豹XJ220（英国，1992年）

　　XJ220搭载3.5L的V6双涡轮增压发动机，匹配5速手动变速箱，百千米加速仅仅需要3.8秒，最高速度可达349千米/小时。这个成绩，打破了法拉利F40创下的速度记录，XJ220一度被赞为"20世纪90年代最快的量产跑车"。

捷豹XF（英国，2007年）

　　可以说XF是捷豹历史上一款具有里程碑式意义的车型。因为它放弃了捷豹一直以来的复古造型，线条看起来像轿跑一样潇洒灵动，整体风格变得前卫又大胆，让人眼前一亮。

1989年，福特公司以1.6亿法郎的价格买下了捷豹。之后捷豹于2000年加入福特的路虎，合并为一个部门。2008年，捷豹路虎被福特转手卖给了印度塔塔汽车。

第二次世界大战结束后，执掌罗孚汽车公司的斯宾塞和莫里斯决定研制一款新车。很快，他们从一辆美国威利斯JEEP身上受到启发，于1947年打造第一辆路虎原型车。

Land Rover Series Ⅰ

Land Rover Series Ⅱ
（英国，1958年）

与Series Ⅰ相比，Series Ⅱ在外形及内部性能上有了变化，车身开始有了弯曲的腰线，各方面细节变得精致不少，而且发动机也换成了动力更为强劲的柴油发动机。

Land Rover 揽胜（英国，1970年）

揽胜一方面采用螺旋弹簧减震系统等先进技术，极大地提高了消费者驾乘的舒适性，另一方面设计了全新的造型，使车内空间变得更加宽敞。最重要的是，它搭载了3.8L V8自然吸气发动机，越野性能也得到了很大的提升。

Land Rover 发现（英国，1989年）

简洁、霸气的路虎车标

为了进军中型SUV市场，路虎推出了"发现"车型。这款车尺寸比揽胜小一些，配置也不如揽胜豪华，不过越野能力却毫不逊色，令人惊喜的是，它的售价只有揽胜的一半，所以一上市就引发关注，销量遥遥领先。

Land Rover 神行者（英国，1997年）

在被宝马收购以后，路虎获得了强有力的资金支持。于是，它瞄准紧凑型SUV市场，推出了更平民化的"神行者"。神行者虽然依旧保留路虎的血统，但却在很多方面采用轿车的设计方式。新颖的造型，出众的性能，加上便宜的价格，让它成了路虎有史以来最畅销的车型。

Land Rover 揽胜极光敞篷车（英国，2015年）

揽胜极光敞篷车是路虎品牌倾心打造的第一款敞篷车。它同样继承了路虎汽车惯有的越野血统，搭载许多先进配置，集各种优势于一身，称得上紧凑型敞篷SUV的标杆。

为赛车而生——迈凯伦

相对其他汽车品牌而言，迈凯伦旗下的汽车种类不算多，可每一款都是难得的艺术珍品，风格特立独行，且性能极佳。半个多世纪以来，这些汽车仿佛专为赛道而生，用一个又一个纪录问鼎速度巅峰，书写迈凯伦的历史。一代传奇迈凯伦，就是超跑界永不谢幕的神话！

迈凯伦的创始人是布鲁斯·迈凯伦。他自幼对赛车十分痴迷，十几岁时就亲手组装赛车。1959年，年仅22岁的布鲁斯·迈凯伦在开始赛车生涯后不久，就拿到阿根廷大奖赛的第一名，成为F1历史上最年轻的冠军。这一纪录直到2003年才被打破。1963年，他创建了"布鲁斯·迈凯伦赛车有限公司"，开始装配赛车。

Mclaren M6GT（英国，1969年）

M6GT是布鲁斯·迈凯伦亲自操刀设计的一款公路跑车。它的功率高达370马力，最高速度为266千米/小时。本来这款车有机会量产，可是自从布鲁斯·迈凯伦因事故逝世后，M6GT就画上了句号，一共只生产了3辆。

迈凯伦F1曾是世界上跑得最快的量产跑车之一。

Mclaren F1（英国，1992年）

迈凯伦F1采用全碳纤维材料做一体式底盘，当时这在世界上还是首创。加上它的悬挂系统和底盘的连接处用的也是质量很小的铝合金和镁合金，所以整辆车都很轻。此外，无论是在配置装备，还是在整体布局上，迈凯伦F1几乎做到了完美无缺。要知道，这款车的百千米加速时间只需要3.2秒，最高速度甚至高达320千米/小时。

Mclaren MP4-12C（英国，2011年）

　　迈凯伦MP4-12C被称为"低调的幽灵"。它继承了大量赛车基因，无论直线加速还是弯道超越能力，都极为出色。如果同级别跑车举行一场比赛的话，相信没有哪款车的加速能力能比得上它。

　　迈凯伦汽车的车标也比较简单，是迈凯伦英文名称和代表速度的光束图形的组合。

Mclaren P1（英国，2012年）

　　迈凯伦P1与法拉利La Ferrari、保时捷918并称为"三大神车"，足见这款车在人们心中的"神圣"地位。P1的功率超过900马力，百千米加速只需2.8秒，最高时速可达到350千米/小时。夸张前卫的造型、无与伦比的性能、超越极限的速度……难怪那么多人对它心驰神往。

　　迈凯伦车队是F1比赛中最成功的车队之一，一度与法拉利车队势均力敌。50多年间，迈凯伦车队共获得过12个车手总冠军、超过180个分站冠军，共有19位赛车手登上领奖台，其中就包括巴西巨星埃尔顿·塞纳。

以车神埃尔顿·塞纳名字命名的特别车型"迈凯伦Senna"。

复古且奢华的摩根

或许，你觉得摩根汽车只是一个小众汽车品牌，或是汽车行业里的"新秀"。可事实上，这个英国汽车品牌的"年龄"已经有110多岁了。值得注意的是，直到今天，摩根依旧保持初心，采用纯手工的方式打造汽车。回首过往，那些独具匠心的摩根汽车非但不过时，反而每一辆都是难忘的经典。

摩根早期的三轮汽车 "Three Wheeler"

摩根汽车公司创立于1909年，创始人是亨利·弗雷德里克·斯坦利·摩根先生。摩根从简单的三轮汽车开始，一步一个脚印，最终成长为一流的古典运动跑车品牌。

因为生产线及员工人数的限制，摩根公司的产能有限，每年生产的汽车仅1200辆左右。有些汽车从下单到可以提车往往需要1～2年的时间，但毋庸置疑，每一辆摩根都是精品中的精品。

摩根4-4（英国，1936年）

摩根4-4车型是摩根旗下第一款四轮汽车，搭载4缸发动机。从20世纪30年代问世以来，它的模样始终如一，即使后来推出的改款车型，外观也没有太大变化。

摩根Plus 4（英国，1964年）

这款跑车采用轿跑式的车身风格，拥有比较常规的外观和线条，但整体看起来十分古典奢华。摩根Plus 4的动力性能十分出色，最高速度能达到185千米/小时。

摩根Plus 8（英国，1968年）

　　除了身形稍大一些，摩根Plus 8的外观依旧与它的"前辈们"如出一辙。不过，这款车却安装了一颗强大的"心脏"——V8发动机。因此，当Plus 8跑起来的时候，速度足以和一些大牌超跑相媲美。要知道，它可是20世纪60年代加速最强劲的汽车之一。

　　摩根汽车的车标上既有象征速度的翅膀，又有引擎元素和摩根英文字样，充分诠释了其品牌文化。

摩根Aero 8（英国，2000年）

　　这是一款采用全新设计的车型，它兼具古典车的气质与现代跑车基因，看起来沉稳大气又不失时尚美感。摩根Aero 8搭载的是宝马提供的V8发动机，在动力方面的表现十分抢眼。

摩根V6 Roadster（英国，2004年）

　　V6 Roadster依然秉承摩根汽车的"怀旧"风格，尽显奢华复古魅力。但是，它的内在却十分现代，搭载着福特V6发动机，动力性能毫不逊色。

来自北欧的沃尔沃

如果谈论起"汽车安全",相信很多人第一时间都会想到"沃尔沃"。拥有90多年发展历程的沃尔沃,一直致力于将汽车安全与性能提升实现完美融合。长久以来,它俨然已经成了"汽车安全"的形象代言人。科学严谨的态度、不忘初心的信念、安全可靠的口碑······正是它们支撑着沃尔沃越走越远。

沃尔沃OV4(瑞典,1927年)

OV4是沃尔沃首款量产车型。它搭载4缸发动机,最高速度可达90千米/小时。因为OV4大部分为敞篷车型,并未充分考虑瑞典天气因素,所以这款车的销量没有达到预期。

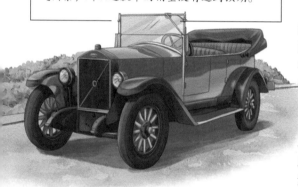

沃尔沃原本是瑞典知名轴承制造商SKF旗下的一个子公司。1926年,在SKF集团销售经理阿萨·格布里森和工程师古斯塔夫·拉尔森的努力下,沃尔沃从集团独立出来,于1927年正式成立"AB Volvo公司",开始生产汽车。

沃尔沃PV36(瑞典,1935年)

PV36对于沃尔沃品牌来说,具有里程碑式的意义。因为它是沃尔沃开始进军豪华汽车领域的标志。PV36拥有前卫的流线型车身,造型灵动,气质优雅,一面世便成功吸引了大众的目光。

沃尔沃P1800(瑞典,1961年)

P1800是一款运动型轿车,外观既充满动感,又不失优雅。最重要的是,它配备着1.8L、100马力的4缸发动机,动力性能尤为出色。P1800一经推出,就拥有了大批粉丝,其中就包括著名电影演员罗杰·摩尔。

沃尔沃140（瑞典，1966年）

140的造型简约，车身非常坚固，而且还拥有分离式方向机柱、四轮碟刹、新三点式安全带固定扣锁等一系列特别设计，安全性能简直能和坦克相媲美，所以，当时被评为"全球最安全车型"。

沃尔沃车标由代表铁元素的古老化学符号及古埃及字体VOLVO字样等元素构成。它寓意沃尔沃有着钢铁般的实力，必将一路发展、奋勇向前。

沃尔沃850（瑞典，1991年）

与之前推出的车型相比，850虽然整体造型还是以直线为主，但线条给人感觉圆润不少，富有柔和之美。它突破性地运用前轮驱动，并且采用三角连杆后轴等四大革新技术，所以是当之无愧的"性能之车"。

沃尔沃XC90（瑞典，2002年）

XC90是沃尔沃首款SUV，沿袭了沃尔沃一直以来的豪华设计，安全性能同样十分突出。作为7座豪华SUV，XC90的舒适性和操控性几乎无可挑剔。多年来，它收获好评无数，是很多消费者心中的挚爱。

85

第二章
亚洲车系

丰田的壮举

丰田是全球最大的汽车生产商之一，长期稳居世界汽车工业的领先地位。它旗下的汽车品类繁多，令人趋之若鹜的豪华车，彰显力量与动感之美的超级跑车，经济实用的平民化小型车，以科技、创新闻名的混合动力车……每一款都是品质过硬的精品，备受青睐和推崇。

纺织厂里"诞生"的品牌

丰田的创始人是日本纺织大王丰田佐吉的儿子丰田喜一郎。1929年，在深入考察和学习欧美汽车制造产业之后，丰田喜一郎回到日本，开始潜心研究、制造汽车。1933年，他在父亲的纺织厂内部设立汽车部。1935年，丰田喜一郎团队研发出了第一辆A1型轿车和G1型卡车。1937年，丰田汽车部从纺织厂独立出来，正式成为"丰田汽车工业株式会社"，也就是丰田汽车公司。

搭载3.4L直六引擎的A1型轿车。

在A1基础上改良而来的Toyota Mode AA。

稳步发展

丰田生产汽车之前，日本的汽车几乎都依赖进口。为了扶持本国企业，日本政府采取了一系列的干预政策，丰田抓住机遇，大力发展生产，第二次世界大战爆发后，因为战争需要，丰田开始为日本军队制造卡车。

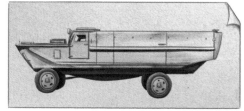

Toyota KB 卡车

丰田KC型卡车

丰田KCY

重重危机

二战结束后，日本受到盟军的经济限制措施影响，丰田面临巨大挑战。因为财务状况堪忧，它不得不宣布裁员、减薪，以至引发了大规模的工人罢工运动。而公司的掌门人丰田喜一郎也被迫辞职，将领导权交给了侄子。不久，朝鲜战争爆发，丰田制造了大量的军用汽车，这才得以存活下来。

丰田在朝鲜战争期间制造的军用汽车

崛起

在经历艰难波折之后，丰田进入稳健发展阶段。随着时间的推移，丰田的产品种类越来越多，知名度越来越高，慢慢地，它逐步进入国际市场。因为品质出众，丰田汽车不但销量猛增，还在世界范围内赢得了良好的口碑。20世纪60年代，丰田启动扩张计划，先后将日野（Hino）和大发（Daihasu）纳入自己旗下，并在多个国家和地区建立了生产基地。

20世纪60年代初，丰田开始在美国销售Tiara车型。

第二代Crown让丰田在美国一炮而红，树立了良好的口碑。

丰田"们"

一直以来，丰田汽车就因其耐用、舒适等特性被人们津津乐道。放眼全球汽车市场，丰田的车型几乎覆盖了从低端到高端市场的所有领域，车型更是多达十几种。这个"汽车大家族"历经时间的洗礼，未来或许会更加繁荣和兴盛。

丰田Crown（日本，1955年）

20世纪50年代，丰田针对商务市场需求研发出了豪华轿车Crown。那时的Crown车身呈船形，不过整体有点小，车头有两个标志性的圆筒式大灯。尤为吸引人的是，它的前后车门采用的是对开方式。

本田Corolla（日本，1966年）

Corolla的结构紧凑，整体设计时尚，而且机械工艺出色。它推出后不久，就成了日本销量最好的车型。凭借低廉的价格、值得信赖的品质，Corolla在世界范围内赢得了广泛赞誉。

丰田Camry（日本，1982年）

第一代Camry搭载直列4缸发动机，并采用前置前驱布局。这款车内部空间十分宽敞，乘坐舒适，在当时是很多人家庭用车的首选。截至今日，Camry已经推出了多代车型。

丰田的车标由三个椭圆构成，外围的大椭圆代表地球，中间相互嵌套的两个椭圆组成"T"字，代表丰田公司。

丰田Prado（日本，1990年）

Prado的配置在当时看来有些豪华，除了时速、转速、水温及燃油表外，它还配备了机油压力表和电池电压表。最重要的是，2.4L的涡轮增压柴油发电机和4速自动变速箱，使它的越野能力非常出众。

丰田Yaris（日本，1999年）

Yaris同样是"丰田基因"强大的精品车。它不但拥有一系列的人性化设计，配置齐全，而且还节能环保，深受消费者青睐。它还获得过"2000年度最安全的小型车"的殊荣。

丰田IQ（日本，2008年）

IQ是丰田根据时代潮流特别打造的一款紧凑型汽车。它那可爱时尚的造型、小巧精致的车身及超低的油耗，使其收获了一大批"粉丝"。

日本有顶级轿车吗？
有！雷克萨斯

尽管雷克萨斯的成长历程无法与一些欧美老牌豪车相提并论，不过，这个"新生儿"却一路过关斩将，在强手如云的高端汽车市场中大杀四方，脱颖而出。长久以来，它不断追求突破，敢于进行各种挑战，留下了一段段"励志"的传奇故事，在高端汽车市场领域掀起了一场又一场雷克萨斯风暴。

雷克萨斯 LS 400（日本，1989 年）

20世纪80年代末，丰田汽车推出了第一代雷克萨斯 LS 400。这款车搭载 4.0L V8 发动机，速度可达 250 千米/小时，动力性能丝毫不亚于奔驰 S 级、宝马 7 系这样的大牌名车。而且它当时配备了免提电话、全息投影仪表盘等一系列先进的顶级装置。

第五代雷克萨斯 LS 车型（日本，2017 年）

LS 400 仅在美国上市一年多，累积销量就达到了 16.5 万辆，迅速登上了美国顶级豪车排行榜的榜首。

雷克萨斯 ES（日本，1989 年）

ES 是雷克萨斯品牌历史上销量最多、最成功的车型之一。它集舒适、优雅及豪华特性于一身，一直在国际汽车市场上广受好评。面世 30 多年来，ES 已经"进化"到第七代了，每一代都是世人难忘的精品。

雷克萨斯RX 300（日本，1998年）

SUV RX 300乘坐舒适，配置相当豪华，动力性能和操控性能都非常出色。作为一款"城市型SUV"，RX 300用骄人的成绩为雷克萨斯扭转了市场颓势。

雷克萨斯汽车的车标外围是一个椭圆形，代表地球。中间类似小于号的标志是Lexus的首字母。它充分表示出雷克萨斯汽车畅销全世界的愿景。

雷克萨斯RX 400h（日本，2005年）

RX 400h是世界首台混合动力SUV车型。它搭载着两颗"心脏"，分别是混合汽油内燃机和电力马达。这意味着与一般的SUV相比，RX 400h的排放量更低，更加节能环保。

雷克萨斯LX 570（日本，2007年）

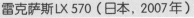

LX 570整车运用了大量的直线、圆角矩形等设计元素，看起来很有力量感。这款车搭载V8自然吸气发动机，功率达367马力，越野性能相当强悍。2016年，新一代LX 570整体设计感更强，奢华气息更浓，驾驶体验犹如驾驭豪华游艇。

2009年，代表雷克萨斯巅峰之作的超级跑车LFA面世。这款跑车当时全球限量仅500辆。

车中明星斯巴鲁

斯巴鲁原本只是一个名不见经传的日本汽车生产商，旗下的公路汽车都不怎么出名。然而，自从结缘赛车之后，斯巴鲁开始进入蓬勃发展期。很快，它通过拉力赛一步一步迎来了自己的鼎盛时代。以至于现在只要一提到拉力赛的历史，人们便会联想到斯巴鲁。

斯巴鲁是一个隶属于日本富士重工旗下的汽车品牌，成立于1953年。1958年，斯巴鲁推出了第一款量产车型Subaru360。这款在日本本土深受大众欢迎的微型车为斯巴鲁赚到了第一桶金。

20世纪90年代，斯巴鲁正式与英国专业赛车工程公司Prodrive成为合作伙伴，共同开启了拉力赛的光辉征途。

Subaru360

WRC是世界汽车拉力锦标赛（World Rally Championship）的英文缩写。

斯巴鲁（Subaru）Impreza 555（日本，1993年）

Impreza 555是Prodrive专门为斯巴鲁打造的一款拉力赛车。它车身娇小，非常灵活，很适合拉力赛复杂多变的赛道环境。Impreza 555首次在WRC中亮相，就拿到了亚军。

香槟喝起来！

1995年，科林·麦克雷（Colin McRae）驾驶Impreza 555在WRC赛事中夺得了车手总冠军。也是在这一年，斯巴鲁第一次成为车队年度总冠军。从那以后，斯巴鲁标志性的"蓝-黄"形象深入人心。

斯巴鲁Impreza WRC99（日本，1999年）

为了应对WRC规则的变化，Impreza进行了"升级"和"改造"。这款Impreza配备着主动差速器和半自动变速器等"秘密装置"。

斯巴鲁车标源于金牛座昴宿星团，象征着斯巴鲁五家公司是个团结的整体，具有强大的凝聚力。

从1993年出征世界拉力赛到现在，斯巴鲁共赢得了47场胜利。

斯巴鲁Impreza WRC2000（日本，2000年）

从外观来看，WRC2000几乎与WRC99长得一模一样。不过，它们的内部细节却有很大不同。这款Impreza大部分电子和机械零部件都经过了重新设计，所以，这款车的重量更轻，重心更低，各项性能都更优越。

本田：保持年轻

本田是一个在质疑和挑战中成长起来的企业，从CVCC发动机的研发到讴歌品牌在北美的大成功，这个靠自行车辅助发动机起家的企业已经成长为世界上最大的摩托车制造商，且汽车产量和规模也名列世界十大汽车厂家之列。本田就像他的创始人一样，有着永不服输和永远挑战的精神。

小发明成造大神话

"二战"后，本田宗一郎低价购入了一批废弃的陆军通信设备上的发动机，将其改装后安装在自行车上，创造了一种新型的"机动脚踏车"。这一设计正好迎合了日本居民的需求，于是大量消费者蜂拥而至，将第一批产品抢购一空。后来宗一郎和自己的朋友河岛共同研发出第一台A型发动机，这就是最初的本田摩托发动机雏形。

我应该去申请个专利。

"以速度寄托自己的理想"

1948年9月，本田技术研究工业株式会社正式成立，并研发出了"理想号"摩托车。经过不断改良，本田摩托车终于在1961年的世界最高水平摩托车赛上取得冠军，并且在1966年的赛事中囊括了四个级别组的优胜奖。至此，本田从传统摩托车强国意大利和德国手中抢占市场份额，确立了自己的行业地位。

1965年，本田赛车

本田汽车的车标为一个带框的"H"，看起来如同三弦音箱一般。其中"H"是本田 Honda 的首字母。

本田赛车的大胜利

　　1961年本田开始研制高性能赛车，并准备参加世界汽车行业最高水平的F1大赛，虽然第一次参赛结果不尽如人意，但到了1965年，本田赛车已经在欧洲赛场上获得冠军，这意味着日本汽车制造技术已经进入世界先进行列。

CVCC发动机

为挑战而生的"思域"和"雅阁"

　　1970年12月，日本政府颁布了限制汽车废气排放法，法案中的排放标准十分严格。因此，能否发明出合格的发动机，成了汽车产业继续发展的关键。1972年，在其他厂家还一筹莫展时，本田发明出了第一台符合标准的CVCC发动机，并于同年生产了搭载该款发动机思域 Civic 轿车，次年就生产了雅阁 Accord 轿车。

应用地球梦技术的2015款本田CR-V汽车

发动机的先驱

　　发动机是汽车的心脏，掌握了发动机的技术，就决定了在这一行业上的领先程度，本田技术研究所是当今世界汽车业的佼佼者，从CVCC技术到地球梦技术，本田始终站在发动机技术的鳌头之上，不断革新自己的技术，是这一行业的先驱者。

本田都有什么车？

本田的发迹是从CVCC发动机开始的，作为最早搭载CVCC发动机的车型，雅阁和思域一直活跃在大众视野之中，凭借不断发展进步从同类型的车中脱颖而出，到半个多世纪后的今天仍是如此。

本田雅阁Accord（日本，1976年）

雅阁Accord为了应对能源危机而生，属于紧凑型轿车，配置本田当时最新的CVCC发动机，在排放标准不断提高的情况下，以低耗油、空间大的优势占领市场，成功为本田敲开美国的大门，得到无数人的青睐，是当之无愧的"开国功臣"。

本田雅阁EX-R（日本，1981年）

雅阁EX-R定位中端市场，在延续第一代设计理念的同时加入了更多的尖端技术，配备定速巡航、四轮防抱死制动系统、自动水平悬挂系统、12气门串流发动机，它因此成为美国最畅销的车型之一，并且开始在美国本土生产。

本田雅阁230 TURBO（日本，2018年）

2018款雅阁230 TURBO整体看起来十分沉稳大气，给人一种奢华之感。它荟萃了不少本田先进科技，搭载多项智能系统，是当时最具有购买价值的车型之一。

思域SB1（日本，1972年）

　　初代思域是为挑战而生的车，是世界上首款符合"马斯基法案"排放标准的车，搭载CVCC技术和1.2L直列4缸发动机，整体重量只有615kg，车身长3700mm，轴距宽2200mm，是一款典型的小型汽车。

思域25i（日本，1983年）

　　第三代思域在前代的基础上开创性地引入了"MM"理论，即乘员空间最大化、机械空间最小化，在同级轿车中实现了超大空间，能够给人比较舒适的驾驶体验。

本田八代思域（日本，2005年）

　　第八代思域就是中国东风本田引进的首款思域车型，2005年法兰克福展览会上正式登场，这代思域风格不同以往，原本圆润的线条变成棱角分明的直线线条，前俯冲车头，大面积大倾角的前风挡造型，极富视觉冲击力。

完美主义者——讴歌

讴歌日本本田汽车公司于1986年在美国创立的高端子品牌，其名称"Acura"源于拉丁语"Accuracy"，寓意"精确"。这一品牌的核心理念体现于最初的造车原则——"精湛工艺，打造完美汽车"。 Acura的中文名称"讴歌"取意：对生活充满自豪和乐趣，人生充满活力，积极向上。

讴歌的成功不仅建立在一系列技术创新之上，更在于它深入了解用户需求，力求满足客户的个性化需求，从而打造出既可靠又兼具豪华与舒适的高品质汽车。

讴歌NSX（日本，1990年）

1990年上市的NSX是一辆全铝合金构造的高性能跑车，被人们称为"东瀛法拉利"。不过它并不甘于此，次年就在纽博格林赛道击败法拉利348，成功为自己正名。

讴歌RL（日本，1996年）

RL其实是本田里程的北美改名车型，1996年，为了更正人们"讴歌是讴歌，里程是本田"的思想，讴歌的领导者们决定为它重新命名，日本国内仍称里程，而美国市场以外的出口版本则更名为RL。

讴歌MDX1（日本，2000年）

　　MDX1是讴歌在北美推出的第一辆SUV，大大憨憨的外观和7座的空间设计让它深受美国人的喜欢，一经推出就风靡北美市场，稳坐销售冠军席位，变成所谓的"街车"。

讴歌的标志是一个用于测量的卡钳，反映出讴歌精湛的造车工艺和追求完美的理念。

讴歌TSX（日本，2004年）

　　作为一款豪华车型，TSX的线条流畅、简洁，操控敏捷，而它最大的优势是较高的燃油经济性。

讴歌NSX（日本，2018年）

　　NSX是一款十分适合在生活中开的车，坐上就有超跑的感觉。这辆车采用混合动力，具有静谧和运动两种模式，静谧模式下就是一台混动雅阁，运动模式下就是一款具有400马力的超跑，是日本国宝级的跑车之一。

马自达坎坷的"车生"

马自达从生产三轮车起步，一路走来坎坎坷坷，二战、石油危机和泡沫经济对它的打击接踵而至，但它从未放弃，一次次从危机中奋起。时至今日，它成了转子引擎的代名词，在众多品牌中独树一帜，这就是马自达一波三折的奋斗史。

马自达的前身是东洋软木工业，松田重次郎接任社长后改名东洋工业公司。1931年10月，马自达生产了三轮小卡车"马自达号"，这成了马自达造车的起点。之后，马自达几经沉浮，先后度过了战争、外国进口车大力冲击等艰难时刻，不过最终，在辉煌一段时间后，它被福特收购。

马自达Cosmo Sport（日本，1967年）

在外国进口车大量进入日本市场的情况下，马自达成功将这不实用的转子引擎实用化和量产化，Cosmo Sport就是世界上第一款搭配了转子引擎的车型。自此，转子引擎成为马自达品牌的独特标签。

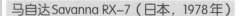

马自达Savanna RX-7（日本，1978年）

1978年3月，在第二次石油危机和控制尾气排放法案的双重影响下，Savanna RX-7这辆离经叛道的大马力跑车横空出世，这无疑是与当时社会取向相左的，但是它却肩负着汽车企业的梦想在逆境中闪耀登场了。

马自达的新车标中间是一个"M"字样的"海鸥"，象征着企业振翅高飞，走向未来。

马自达Eunos Roadster（日本，1989年）

20世纪80年代初期，面对日益萧条的轻型跑车市场，马自达的工程师们却迸发出重振轻便跑车市场的梦想。初代Roadster的研发负责人确信马自达必须创造出一款独具马自达风格的商品，于是在"人马一体"的理念下，Eunos Roadster诞生了。

马自达MX-5 RF（日本，2016年）

MX-5 RF作为一款提供"无穷驾驶乐趣"的轻型敞篷跑车，将产品魅力提升到了全新的高度。它是"人马一体"理念的继承者，在内饰、外观设计、工艺品质、功能性和行驶性能等方面实现了进一步提升。

日本生产——日产

日产（NISSAN）的名字来源于它的前身：日本产业公司，寓意"日本制造"。设计师将品牌名字"NISSSAN"置于象征太阳的图形中，直观体现了品牌名称、地域来源及其与日本文化和精神的联系。

1933年12月，日本产业公司与户田铸物公司合资成立汽车制造有限公司，鲇川义介成为首任社长，次年5月更名为日产汽车公司。之后的日产积极引进和学习国外的先机技术，并推出了DATSUN 210型轿车。此后，日产不断蓬勃发展，不但成了仅次于丰田和本田的日本第三大汽车制造商，还成了世界十大汽车生产商之一。

因为日产汽车的座椅都十分舒适，就像家里的沙发，所以日产常被称为"日产沙发厂"。

日产阳光2004（日本，2004年）

日产阳光曾是一款日系经典车型。单从它50多年的历史我们就能猜想出它曾经有多辉煌。经历半个多世纪，全球累计销量超过1600万辆。

日产蓝鸟310（日本，1958年）

蓝鸟310是日产汽车在DATSUN 210之后，开发出的一个新的轿车产品。这款车一经上市便引发了争购热潮，第一个月便售出8000辆。

日产Skyline GT-R（日本，1969年）

GT-R的出现改变了那个欧美跑车称霸天下的年代。1969—1972年，初代Skyline GT-R在勒芒GT赛事中创下了连战50场不败的纪录。大赛要求GT-R负重140千克参赛，但它仍然取得了第四的成绩，从此GT-R声名大噪，"东瀛战神"名声远扬。

NISSAN

日产汽车的车标比较简约，大圆环代表"太阳"，中间的字符是"日产"的日语罗马音拼写。

日产GT-R R34（日本，1999年）

《速度与激情2》中布莱恩·奥康纳的爱车。车如其人，帅气的外观，简练硬朗，犀利狠辣；倔强的性格，直列6缸涡轮增压发动机，百千米加速度仅2.7秒，它不是最快的，但永远是最令人热血沸腾的。

日产途乐Y61（日本，1997年）

途乐的第五代车型，外观设计复古硬派，浑厚大气。这代车型凭借着坚固的车身和可靠的性能得到了众多越野爱好者的喜爱，频频出现在越野赛事中，甚至被联合国维和部队指定为官方用车，具有较高的知名度。

105

美籍日裔的英菲尼迪

英菲尼迪是日产为了拓展北美市场而在美国创立的高端豪华汽车品牌，是一个出生在美国的日裔孩子。从起初混乱不着头脑的发展方向，到靠着突破精神走出一条自己的道路，英菲尼迪充分诠释了新生汽车企业在竞争激烈的今天的发展之道。

英菲尼迪诞生于1989年，因为旗下汽车设计前卫独特，具有出色的产品性能，所以使其在与宝马、奔驰等品牌的竞争中取得了极大的胜利。2003年，日产汽车公司出台了为期五年的"日产增值计划"，把英菲尼迪品牌的全球推广作为战略重点，开始向全球市场扩张。

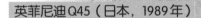

英菲尼迪Q45（日本，1989年）

Q45是英菲尼迪的第一款面向北美市场的旗舰豪华轿车，相比同时期的旗舰豪华轿车，Q45在外观设计上更前卫，兼具舒适性与操作性，有着宽大舒适的座椅，曾被选为日本皇室用车之一。

英菲尼迪G20（日本，1990年）

1996年引入中国的英菲尼迪G20，原厂代号P10，是日产欧洲设计中心研发并在北美市场改称英菲尼迪G20上市的车型，被视为第一代G系列的入门车型，并在国内一度掀起改装热潮。

英菲尼迪QX4（日本，1996年）

　　QX4是英菲尼迪第一款豪华SUV车型，也是日系豪华SUV在北美市场的先驱。作为较早进入国内的英菲尼迪车，它是当时国内表现最佳的豪华休旅车，而且内饰部分大量的真皮与核桃木饰板，更为它营造出媲美豪华房车的气质。

英菲尼迪车标的两根中间线延伸向前，象征不断前进，挑战无限的道路和信念。

英菲尼迪Essence（日本，2009年）

　　英菲尼迪在自己20岁生日之际打造了这款名为Essence的混合动力概念车，外形前突后缩的流线型继承了英菲尼迪一贯的设计风格。这款独特的概念车可谓是英菲尼迪20周年庆典的最佳贺礼，同时也是英菲尼迪对品牌未来发展的创新之作。

英菲尼迪QX50（日本，2018年）

　　QX50是英菲尼迪在豪华SUV领域的又一力作。它不仅造型大气，细节奢华，搭载性能绝佳的先进发动机，而且还配备智能驾驶辅助系统等一系列的创新技术，是一款有颜值、有内核的科技车。

三菱：独立又统一

三菱重工历史悠久，是横跨数个领域的老牌财团。但是它在汽车制造领域的历史相对短暂，从1917年生产出第一款车后，它打了一个50多年的盹儿，直到三菱汽车事业部从三菱重工中独立出来之后，三菱汽车产业才真正步入正轨。

1917年，三菱生产出第一款汽车Modal-A。由于初期没有造车经验，导致费用高，质量也不太可靠，所以只生产了二十几台就停产了。三菱真正进军汽车领域是在"二战"后。当时三菱响应"全民车构想"，量产了简单、合理、低价的三菱500，优秀的稳定性和安全性及可供四人乘坐的大空间让它十分成功，这坚定了三菱涉足汽车行业的决心。1970年4月，三菱汽车事业部从三菱重工中脱离出来，正式组建了三菱汽车工业有限公司。

三菱Pajero Wagon（日本，1983年）

帕杰罗这个名字源自一种生活在阿根廷巴塔哥尼亚的山猫，这种动物的深棕色斑纹让它看起来有一种粗犷的野性美。帕杰罗简洁大气的外观恰好将这种美发挥得淋漓尽致。而作为三菱的当家明星之一，帕杰罗在达喀尔拉力赛中的表现也十分耀眼。

三菱Lancer Evolution I（日本，1992年）

1992年，三菱在家用车Lancer的基础上推出了高性能的Lancer Evolution民用版车型，该车型很快就赢得了"最强2.0L房车"的美誉，但由于只生产了5000辆，所以它就成了EVO车迷心中不可多得的"信仰"。

三菱汽车以三枚菱形钻石组合为标志，它寓意三菱有着高超的造车工艺。

三菱日蚀95款（日本，1995年）

日蚀是被低估的一款车，因为它有一个更酷更受欢迎的运动员兄弟，使这匹黑马黯然失色。但它却在美国的加速赛上打败了一众肌肉车，对美国进口车文化产生了深远影响，是改装车文化的起源和重生。

三菱EVO VI TM-V4（日本，1999年）

1996年到1999年这四年间，著名拉力车手马基宁驾驶EVO连续四年夺得冠军，并且帮助三菱世界拉力车队夺得了1998年的车队冠军，为此三菱特别推出了这款纪念版车型，也就是大家常说的六代半EVO。

三菱EVO X（日本，2008年）

EVO X是高性能车和市场需求相结合的产物。EVO X更亲民，SST手自一体变速箱让这辆车的门槛变低，显得更友善，让人能更容易驾驭它，使它变得大众化，这也是三菱汽车市场化的象征。

韩国之光——现代起亚

现代和起亚是韩国的两大颇具传奇色彩的汽车制造商，起亚是韩国最早的汽车制造企业，现代则发展成了韩国最大的集团，并通过合并两家公司，成功将韩国汽车工业推向世界舞台。如今，现代起亚集团已经成为韩国最大的汽车制造商和财团之一，并且成功跻身世界十大汽车制造商之列。

作为韩国最早的汽车工业公司，起亚创造了多个第一：生产了韩国的第一辆自行车、第一台摩托车C-100、第一辆小型三轮货车K360、第一辆四轮厢式货车Titan、第一台汽油发动机、第一部采用汽油发动机的乘用轿车Brisa以及第一台柴油发动机。

1967年成立的现代公司汲取福特公司的先进技术和经验，并斥巨资创建新厂，使小汽车国产化达到100%。生产的小马汽车更创造了销售奇迹，标志着韩国进入了世界汽车工业国的行列，奠定了现代汽车公司的国际地位。亚洲经济危机后，现代集团收购了失去投资偿还可能性的起亚汽车，一举成为韩国最大的汽车集团。

现代Poney（韩国，1974年）

1974年，现代Poney亮相都灵车展。当时现代为了开发自己的车，聘请了英国莱兰的前常务董事乔治·特恩布尔。凭借他开发Morris Marina的经验，再加上三菱的发动机和变速箱、福特Cortina的零件和意大利乔治亚罗设计的掀背式车身开发出了小马（Hyundai Pony）车型。

起亚Sportage（韩国，1993年）

1993年，起亚正式推出了该车型。得益于与福特和马自达之间的联盟关系，起亚顺利获得了使用马自达Bongo平台的资格。在马自达的基础上，起亚拓展出一套分时四驱系统，使它成为当时市场上一款非常受欢迎的小型越野车。

起亚Retona（韩国，1998年）

起亚在军用Jeep KM131的基础上推出了民用版的车型Retona，它可以说是起亚家族中最为硬核的一款产品了，民用版重新设计了车头的造型，使它的车头长度有所增加。

现代汽车车标既像方向盘，又像地球，表达了现代汽车必将遍布世界各地的雄心。

起亚的车标以"KIA"为主体，象征起亚汽车崛起于亚洲，走向世界。

第五代 现代Sonata EF-B（韩国，2001年）

第五代Sonata拥有"花生灯"等全新设计，看起来比自己的"哥哥们"更加大气、沉稳。在内饰及一些配置、系统上，它也要奢华、先进得多。

现代雅科仕2014（韩国，2014年）

雅科仕是来自现代的大型豪华轿车，代表着现代汽车设计和制造的最高水平，采用方正保守又见古典的造型风格。动辄上百万元人民币的高昂售价，让雅科仕成为少数精英人士的选择。

彪悍的双龙

　　1950年，韩国河东焕汽车与美国威利斯合作，以M38A1为基础车型生产军用吉普。河东焕后来改名为东亚汽车，并购专门生产SUV的巨和汽车，最后成为双龙集团，20世纪80年代双龙被指定为韩国国防用车的主要生产企业，成为韩国军用JEEP最大供应商。

　　双龙是韩国越野车的领头羊，在与当时的行业翘楚AMC汽车公司签订技术合作条约后，双龙进入了事业上升期。此后与德国奔驰在小型车及柴油发动机上进行的技术合作，更成功将世界柴油动力技术向前推进了一大步。后来，享御、爱腾、雷斯特Ⅱ、新主席Newteck和06款路帝相继上市。现在的双龙汽车已具有全系列SUV车型和顶级的豪华轿车，并在全球60多个国家建立销售网络，发展成了和JEEP、路虎并驾齐驱的专业SUV生产企业。

双龙Korando Family（韩国，1988年）

　　科兰多（Korando）品牌的推出加速了双龙走向世界的脚步，这款多功能四轮驱动车承继了传奇性军用吉普车的精髓，具备优异越野性能和舒适代路表现，在韩国和国际市场引起强烈的震撼，上市不久就出口到欧洲、日本等市场。

双龙Musso Widebody（韩国，1993年）

　　Musso是一款样式独特、性能杰出的SUV运动型多功能车。它虽是皮卡却具有双驾驶室，可供5个成年人乘坐，拥有客货双用的优势。同时具有良好的内饰质量和一些平时在轻型皮卡中看不到的优质材料。

双龙汽车的车标源于一个美丽的神话故事。企业名称的首字母"S"被设计成了一个抽象的"8"字，就好像飞舞的龙一样，预示双龙汽车能够"扶摇直上"，创造辉煌佳绩。

双龙雷斯特Y200（韩国，2001年）

雷斯特是在梅赛德斯-奔驰M级的基础上生产的一款运动型多功能车。创造性地将轿车的操纵融入强大的越野能力中，从而提供了安静的驾驶性能。雷斯特由乔治亚罗的意大利设计工作室设计，开拓了韩国新概念SUV市场，引导了韩国SUV产业的繁荣。

双龙主席CM600L（韩国，2007年）

双龙主席在新造型上完全摆脱了20世纪90年代奔驰S级或E级棱角分明的造型。相反，从流畅的C柱与A柱的过渡甚至有些新一代奔驰E级W211的感觉，不过奔驰车固有的稳重大气和四平八稳的造型精髓还是得到了保留。

双龙新一代TIVOLI（韩国，2019年）

新一代TIVOLI是一款实用的中小型运动休旅车，自上市以来口碑一直不错。比较特别的是，新TIVOLI与旧款车相比，不但动力性能提高了一大截，整体气质年轻许多，而且安全配置也更先进。

一汽：力争第一

"一汽"是中国汽车工业的摇篮，它开创了中国"从无到有"的汽车历史，曾承载着无数国人的希冀。昂首走过60多年的风雨征程，一汽的面貌发生了翻天覆地的变化，不但产品结构逐渐涉及多个品种、多个系列，企业规模慢慢变大，而且自主生产的汽车还走向了全世界。

以卡车为开端

1949年以前，国内汽车一直依赖进口，而且品牌混杂，所以，中国被戴上了"万国汽车展览馆"的帽子。为了改变这一局面，1949年后，中国政府决定振兴民族汽车工业。1953年7月，在苏联的技术援助下，中国开始在吉林长春建设汽车厂。1956年7月，"第一汽车制造厂"正式建成投产，中国从此彻底结束了无法批量生产汽车的历史。

作为标志性车型，解放CA10还曾参加了1956年的阅兵仪式。

乘东风之势，扬红旗之威

有了第一辆卡车还不够，全体一汽人继续努力，克服种种困难，最终在1958年5月成功研制出了中国第一辆国产轿车"东风CA-71"。可因为技术水平有限，东风CA-71存在一些问题，并没有量产。但一汽人没有放弃，他们以一辆克莱斯勒轿车为蓝本，用短短的33天时间纯手工打造出了一款"红旗"轿车。在建国十周年的庆典上，国人有幸目睹了它的威武雄姿。

自20世纪60年代起，红旗轿车逐渐成为接待外宾的高级礼仪之车。

走进新时代

　　一汽自诞生之日起，就带有无数光环。它与国家同呼吸，共命运，并借助改革开放的浪潮发展壮大起来，成为中国汽车行业中最具实力的龙头。随后，它陆续与一些国际汽车公司开展合作，建立起一个又一个生产基地；2011年，中国第一汽车股份有限公司成立；2017年，公司改制正式更名为"中国第一汽车集团有限公司"……就这样，一汽用一页一页崭新的履历继续向前迈进着。

庞大的阵营

　　经过60多年的努力奋进，一汽已经变成了一个资产数千亿元的商业帝国，业务范围覆盖近50个国家，产品涵盖多个系列，自主品牌与合作品牌的阵营越来越大。与此同时，一汽始终不忘与时俱进，在新能源汽车、智能网联汽车等领域都取得了诸多成就。

一汽新能源汽车DEV1

解放创世

在中国汽车史册的第一页，有个品牌的名字赫然在列，它就是我们俗称的"老解放"。可以说，"解放"就像一把钥匙，彻底打开了中国尘封多年的科技枷锁，使中国进入了全新的汽车时代。今天，解放在历经岁月磨砺之后，仍旧以绝对的实力稳居中国商用车、卡车的领导地位。

首批解放牌汽车CA10

解放CA141（中国，1986年）

CA141是第二代解放卡车，凝聚了很多一汽人的心血。与第一代卡车相比，它造型更美观，视野更开阔，驾乘更舒适，最重要的是性能等方面有了很大提升。

解放J3CA150PL2

（中国，1995年）

除了长着"平头"外，这系列车型尤为特别的一点是车内藏着一颗柴油机"心脏"，因此它的动力性能更优越。

解放J4（中国，1997年）

进入20世纪90年代中后期，解放汽车开始向中、重型卡车方向发展。于是，一汽适时推出了J4系列。它安装了德国道依茨发动机，载重最高达9吨。

"解放"汽车由毛泽东主席亲自命名，当时车头所用的"解放"二字源自毛主席为《解放日报》所题写的字体。

解放汽车的新车标以"一汽"为核心，形似一只翱翔在天际的雄鹰。

解放J5（中国，2004年）

随着长途重载物流需求的增长，一汽顺应运输市场趋势，精心研造出了第五代解放车型J5。J5各项性能都比较"拔尖"，丝毫不亚于一些知名的欧洲重卡。此后，解放开始成为国际重卡市场中一个具有强大竞争力的品牌。

解放J6（中国，2007年）

J6继承了以往车型的优点，并采用了数百项创新技术，是凝聚一汽人自主研发智慧的结晶。与此同时，它也代表着中国重卡的尖端水平。

红旗飘扬

对很多人来说，红旗就像凝聚国人自强信念的火种，蕴含着特殊的民族情怀。它从激情燃烧的年代走来，既创造过辉煌的历史，又经历过难言的低谷，作为中国轿车工业的"领路人"，它的精神从未被人们遗忘过。

红旗CA72（中国，1959年）

CA72拥有颇具设计感的扇形格栅和灯笼状尾灯，整体造型大气庄重，典雅又不失精致。特别值得一提的是，CA72搭载了先进的水冷式V8发动机，其最大功率达到了220马力。

1960年，红旗CA72还曾亮相日内瓦展览会和莱比锡国际博览会。

红旗CA770（中国，1965年）

CA770在外观方面已经彻底摆脱了他国汽车的影子，无论线条还是细节，看起来都十分协调，比较符合中国人的审美标准。而且，这款车的实用性和动力性也提高了不少。

1969年，一汽研制出了CA770的衍生车型CA772。CA772安装了防弹玻璃、防弹装甲车身及特制轮胎，安全系数超高。

红旗CA7220（中国，1996年）

经历了一段艰难的停产岁月后，红旗复产之车CA7220诞生了。这款车匹配着克莱斯勒488发动机和奥迪100的车身，上市后大受欢迎，销量非常不错。

红旗汽车原本有两个车标。一个是简单明了的红旗二字，还有一个是"迎风飘扬"的红旗标志。不过，近年来，红旗推出了更加大气、尊贵的立体盾形标志。

红旗HQE概念车（中国，2009年）

HQE是红旗汽车历史中非常重要的一款独立研发的车型。它采用纯手工打造的全铝车身，配备自主研发的V12发动机，功率高达400多马力，各项性能都非常出色。

红旗H7（中国，2014年）

作为一款自主研发的高档轿车，红旗H7一面世就备受瞩目。事实上，它也不负众望，在动力性能、舒适度及科技配置等方面，优于很多同级别车型。

红旗H7

奔腾向上

虽然与"解放"和"红旗"相比，奔腾还算是个初出茅庐的"晚辈"，但它凭借出色的品牌号召力和精益求精的品质，短短十几年间就成长为一汽重要的"金字招牌"，并迅速跻身国产汽车品牌的前列。时至今日，奔腾已经变成了人们眼中的国产汽车"代言人"。

奔腾C301（中国，2006年）

为了实现完全自主制造、研发轿车的梦想，一汽集团倾心尽力打造出了C301。这个系列的车型各方面的配置比较齐全，均配备自动挡，而且价格较为亲民，一般消费者都能负担得起，所以其销量十分可观。

奔腾B50（中国，2009年）

B50的模样看起来和B70差不多，可它和自己的"大哥"市场定位有所不同。B50是一款经济实用的紧凑型轿车，空间宽敞且排量较小，非常适合普通家庭使用。

2008年，在一汽发布奔腾将以"B"作为产品系列标识，并根据车型大小划分为不同系列以后，C301的名字变更为"B70"。

奔腾B90（中国，2012年）

B90是一款集颜值与品质于一体的中高端旗舰车型。它不仅造型独特，采用一系列先进的制造工艺和技术，更是奔腾首款搭载涡轮增压（T动力）技术的车型。

T动力的意思是，汽车的发动机运用了涡轮增压技术，这种技术可以提高发动机的动力性能。

2018年，奔腾汽车开始使用全新的车标"世界之窗"。这扇"窗"连接着消费者、全世界及奔腾的未来。

奔腾X80（中国，2013年）

X80是奔腾在"SUV"领域积极探索的产物，它的诞生标志着奔腾彻底告别了单纯制造轿车的时代。X80的动力性能优势明显，配备了包括导航系统、电子手刹在内的众多先进配置，深受广大消费者的喜爱。

奔腾T99（中国，2019年）

T99搭载2.0T发动机，匹配8速手自一体变速箱，在动力方面表现出色。此外，无论造型设计、细节处理，还是整体格调及科技配置等方面，T99都表现得十分出众。

产自北京

1958年北京汽车厂成立，由朱德元帅亲笔题写厂名。这是继长春第一汽车制造厂之后我国兴建的第二家大型汽车制造企业，堪称中国汽车工业的先驱和北京汽车工业的摇篮，承载着中国汽车工业的荣耀。

北京汽车建厂以来，生产的多款车型曾被选为阅兵检阅车，被誉为"检阅车专业户"，它们见证过一个又一个重要的历史时刻。

1983年，北汽与美国汽车公司组建了中国汽车历史上的第一家合资企业—北京吉普汽车有限公司。

北汽井冈山（中国，1958年）

1958年，作为当时国内汽车工业的"二把手"，北汽潜心研制出了"井冈山牌"汽车。这款车的功率有36马力，最高速度可达110千米/小时。正是它，正式拉开了北汽汽车制造的大幕。

北京BJ-136（中国，1985年）

　　BJ-136是北汽在原BJ-130车型的基础上推出的升级版车型。不过，它当时套用的是五十铃车型的驾驶室和发动机。至此，BJ-136代替风光了十几年的BJ-130登上了历史舞台。

　　北汽以"北"字为核心，设计出了既像大门，又像跳舞人的车标，充分体现了北汽开放包容及"以人为本"的精神。

BEIJING

　　北汽汽车有时也采用新的字母式车标，相比较而言，它更加时尚、年轻、大气。

北汽勇士（中国，2005年）

　　北汽勇士外形棱角分明，虽稍显粗犷，但看起来却霸气十足。这款车集各种经验、技术于一身，性能卓越，各方面表现都不俗。因此，大量北汽勇士"投身军营"，成了部队专用军车。

北京BC301Z（中国，2010年）

　　2010年岁末，北京汽车首款自主品牌轿车BC301Z顺利下线，作为北京汽车自主品牌的开山之作，BC301Z秉承了欧洲科技、安全、环保的设计理念，整合了全球采购和制造资源，打造具有高起点的工艺质量水平，树立起了同级别车型的品质标杆。

北汽绅宝

    2009年12月14日，对中国汽车工业具有重要意义的一天，北京汽车完成了对瑞典萨博汽车相关知识产权的收购。北汽绅宝在此基础上诞生，它通过对萨博技术消化、吸收和创新，致力于生产自主知识产权的汽车，开辟了中国汽车行业的新局面。

北汽绅宝（中国，2013年）

    在注册绅宝品牌后没多久，北汽推出了第一款拥有自主知识产权的车型——绅宝。这款车车身线条流畅，前脸酷似飞机的螺旋桨，具有强大的运动基因，深受市场欢迎。

北京BJ40（中国，2013年）

    BJ40是国产硬派越野车的代表作品，越野世家复兴力作。一上市便震动了整个越野车市场，凭借过硬的品质树立专业越野新典范。2017年7月，北京BJ40未演电影《战狼2》，助力该片创下华语电影票房新纪录。

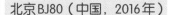

北京BJ80（中国，2016年）

　　北京BJ80车身线条硬朗，不怒自威，再加上"北京"汉字车标，中国味儿十足。2017年7月和8月，BJ80荣膺香港回归20周年阅兵和建军90周年阅兵盛典的阅兵检阅车，是中国高端越野车的扛鼎之作。

北汽EH400（中国，2016年）

　　在北汽累计产量达到100万辆的庆典上，北汽新能源EH400车型正式下线，而这也正是北汽第100万辆下线的车型。该车基于绅宝旗舰车型D80打造，采用纯电力驱动，续航里程最高可达400千米。对于电动车来说是相当优秀的续航能力。

北汽EX360（中国，2017年）

　　作为新能源纯电动国民SUV，北汽EX360让更多的消费者能够选择方便环保的出行工具。该车续航能力远超同级车，驾驶体验安全丰富，是北汽新能源在推动节能减耗、改善环境方面做出的又一次努力尝试。

出自上海

近年来，随着自身实力的不断提升，上汽集团早已从曾经的"中国四大汽车厂商之一"跃升为中国第一大汽车制造商。不仅如此，它还走出国门，通过与各国汽车厂商合作，成了一家名副其实的跨国企业。而今，上汽以王者姿态"统领"着中国汽车市场，继续创造着属于它的历史。

1958年9月28日，第一辆凤凰牌轿车在上海汽车装配厂试制成功，实现了上海汽车工业轿车制造"零"的突破。改革开放以后，上汽抓住机遇，在1984年与德国大众集团签订合作协议，成立了上海大众汽车有限公司，正式开启了崛起之路。

凤凰牌轿车

上海牌SH760（中国，1963年）

早在1958年，上海汽车制造厂购买了一辆奔驰220S，然后对其进行了全方位的拆解和研究。到1963年，上海汽车生产出了第一辆真正意义上的"上海牌轿车"，并定型为SH760型。上海牌SH760型汽车是面向普通消费者的第一款纯国产的量产车型。

2007年，上汽并购南京汽车，名爵品牌自然而然地纳入上汽麾下。

简约但霸气的MG车标。

名爵MG6（中国，2019年）

2019款名爵MG6最具个性的特征就是采用了大量熏黑套件，这种设计让它的运动气质得到了提升，给人的感觉就像一位年轻且勇猛的悍将。

除了MG，上汽还有另一个自主品牌——荣威。RX5可以说是荣威历史上最具代表性的车型之一。

上汽荣威的车标主体是两只站立的狮子，具有贵族格调和古典气质，辨识度颇高。

上汽大通新车标

上汽荣威RX5（中国，2016年）

作为一款充满科技元素的互联网SUV，荣威RX5采用了多个智能系统，动力强劲且驾乘品质一流，所以一上市就成了"爆款"，成为引领汽车消费潮流的"热度车"。

大通MAXUS D60（中国，2019年）

MAXUS D60是上汽子公司大通汽车研制的一款中型SUV。这款车的设计亮点多多，尤其是造型显得"独具匠心"。那流畅的线条、满天星式的前脸，着实吸引眼球。

合资品牌

桑塔纳87（中国，1985年）

桑塔纳87就是被国内老司机们津津乐道的"老普桑"，1985年引进国内由上海大众汽车公司进行生产。这一生产就一直持续了20多年，"老普桑"曾在20世纪八九十年代红极一时，成为中国道路上最常见的车型之一。

桑塔纳2000（中国，1995年）

桑塔纳2000是上汽大众为了适应和满足市场需求推出的新一代桑塔纳车型，是桑塔纳87的升级版。该车一面市，便迅速占领了国内公务、商务用车的市场，遍地开花的桑塔纳成了世纪之交的一道亮丽风景线。

在桑塔纳大获成功后，上汽决定再以合资形式引进一款中高档汽车，于是开始与通用、福特等公司接触，并最终选择与规模和技术都更为合适的美国通用合作，生产造型大气稳重的别克新世纪汽车。在有了面向中端市场的别克品牌后，上汽又相继推出了面向豪华市场的凯迪拉克及面向普通消费者市场的雪佛兰，涵盖了汽车市场的各个层级。

别克 君威（中国，2002年）

这是一款中高档轿车，充满时代感的外形、人性化的精致内饰和豪华的高科技配置，充分显示出对成功人士的尊重。车辆设计风格大气而现代，驾驶感觉平顺且舒适，别克君威以沉稳内敛和品位卓越赢得了消费者青睐。

雪佛兰 景程（中国，2005年）

2005年进入中国市场后，雪佛兰景程作为入门级轿车，靠着皮实耐用的质量、低廉的维修费和合理的价格，获得了大批消费者的喜爱，成功帮助上汽稳固了普通消费市场，时至今日，雪佛兰的诸多车型仍是许多购车人的首选。

斯柯达Octavia（中国，2007年）

作为上汽斯柯达在中国投放的首款车型，Octavia与欧洲保持同步更新，秉承了斯柯达百年的悠久历史及德国大众领先的造车技术，汇集众多国内先进的技术和装备，在进行了大量的本土化改进之后，成了同级别车型中极具竞争力的一员。

凯迪拉克 SLS赛威（中国，2006年）

SLS赛威是在凯迪拉克STS基础上中国化加长后的车型。它继承了凯迪拉克一贯的优秀品质，做工细腻考究，外观豪华尊贵，是为高端商务人士打造的豪华商务轿车，功能便利，驾驶安全，十分切合受众需求。

大众辉昂（中国，2016年）

辉昂是大众的首款中大型轿车，不论外观设计还是精致的造型结构，都显示出团队精益求精的匠心精神。前脸凌厉，尾部简洁，加上高档的内饰配置，让这款车可以为人们提供十分舒适的驾乘体验，尽显低调豪华。

来自广东

中外合资企业在一段时间内是我国汽车产业发展的重要模式。改革开放后，中国曾多次向外国汽车企业伸出合作之手，但日本汽车企业却因对中国市场的误判而错失了早期抢占市场的良机。直到中国加入世贸组织之后，国家取消不少限制措施，推进市场竞争和私家车的普及。谨慎的日厂才终于发力，大步进入中国市场。

广汽丰田是幸运的，在中国汽车发展的黄金十年，它没赶上早集，却搭上了末班车。2004年，丰田看准了地理优势得天独厚的广汽集团。2004年6月在广州市举行广州丰田汽车有限公司《合营合同》与《章程》的签署仪式，9月广州丰田有限公司正式宣告成立。2008年公司更名为广汽丰田。

凯美瑞（中国，2006年）

作为丰田的杀手锏，凯美瑞的推出被认为是2006年我国汽车产业最重要的事件之一。凯美瑞是广汽丰田发展史上最重要的里程碑，对于广汽集团和丰田母公司的战略发展，甚至中国的汽车产业的整体发展都起到了至关重要的作用。

雅力士（中国，2008年）

雅力士是丰田顺应世界汽车小型化趋势开发的产品。但是因为其外形太过女性化，使得它受众单一，而且过于丰富的配置又让它的售价居高不下，加上小型车对消费者的吸引力确实不够大，所以市场反应相对平淡。

汉兰达（中国，2009年）

2009年最受期待的广汽丰田车型当属汉兰达了。5月25日，广汽丰田第二车厂落成暨汉兰达下线仪式的举办对丰田来说是一个新的起点。汉兰达的出现改变了国内SUV市场"局部亮点不断、整体无甚波澜"的局面。

广汽本田汽车有限公司于1998年7月1日成立，它是由广州汽车集团公司与日本本田技研工业株式会社共同出资组建的合资公司。成立至今，广汽本田先后推出了雅阁、奥德赛、飞度、锋范及自主品牌理念系列等多款车型。

广汽本田飞度（中国，2004年）

飞度的历史可追溯到20世纪80年代，最初作为本田City车型的一个配置选项出现，进入21世纪后，本田将旗下的小型车系列命名为飞度。飞度一经推出就受到市场的广泛认可，并在2020年荣获日本年度销量冠军。

广汽本田理念S1（中国，2011年）

作为一款新车型，理念S1的"新"更多是体现在品牌价值而不是车型的创新上。理念S1延续了广汽本田的技术和创作理念，是第一款由合资企业的本土研发团队独立研发，并拥有独立品牌和知识产权的产品。

131

传祺是广汽集团为了提高核心竞争力而研发的自主品牌，2010年12月，首款传祺GA5轿车成功推出市场，随后陆续推出多款车型，在技术、配置和品质等各个方面都具备了与同级别品牌一较高下的能力。

2015年、2017年，传祺GS4、GS7相继在北美车展全球首发，成为北美车展百余年历史上首个进入主展馆的中国品牌。2014年，传祺全系车型参演电影《变形金刚4》，在其中表现抢眼，足以彰显广汽传祺的质量已经得到了世界的认可。

2017年在北美车展上亮相的传祺GS7

广汽传祺GA5（中国，2010年）

GA5不仅内部空间宽敞，其大气的外观也符合商务车的气质，在模仿成风的国产车市场上，广汽始终坚持自主创作，造型独一无二。GA5刚刚问世便在2010年第16届亚运会上成为官方指定的接待用车。

传祺车标的灵感来自广汽集团英文缩写"GAC"中的字母"G"。同时它包括全球化、卓越、荣耀等多重含义。

广汽传祺 E-jet（中国，2014年）

E-jet是传祺的新概念车型，外形一改以往汽车的制式造型，极富创造性，流线型的车身和前倾的头让它看起来运动感十足，而短小上翘的车尾则干脆利落，丝毫不拖泥带水。

广汽传祺 GS4（中国，2015年）

GS4定位于国际新派SUV，造型前卫，凭借低油耗和不俗的动力系统成为消费者购买汽车的优先选择。占到传祺总销量的50%以上的业绩让GS4成为传祺的销量代表。

广汽传祺 GM8（中国，2017年）

GM8是广汽传祺重磅打造的一款奢华型MPV型汽车。它具有典型的商务风格，无论造型、内饰还是性能，都堪称一流，可以赋予驾乘者全方位的感官享受。

生于重庆

中国重汽是一个有着深厚底蕴的老品牌，2018年恰逢其前身——济南汽车制造总厂成立60周年。回顾60年历史，中国重汽用它的成长和经历为济南的建设发展添砖加瓦的同时，也讲述了自身在中国商用车产业发展中的点滴进程。

1956年，中国重汽的前身济南汽车制造总厂成立。1960年，中国首辆重型汽车在这里诞生。1990年，它与其他相关企业几经重组、合并，变身为中国重型汽车集团公司。

重汽黄河JN150（中国，1960年）

黄河JN150是一个令国人骄傲的车型。在当时一无所有的艰苦条件下，济南汽车制造总厂全体人员披荆斩棘，为新中国打造出了第一辆重型卡车。它结束了中国无法自行生产重型汽车的历史。

重汽黄河JN252（中国，1977年）

翻阅重汽的产品编年史，会发现重汽有着悠久的军车生产史。在这些军车里，黄河JN252是最负盛名的产品之一。在我国国防建设的重要时期，黄河JN252型8×8军车的成功研制，为中国"两弹一星"的成功做出了重要贡献。

重汽豪沃7（中国，2004年）

2004年，中国重汽豪沃重卡下线，这是中国重汽在与沃尔沃进行合作之后生产的第一款重卡，代表着中国重汽复兴之路一步步地稳步向前。豪沃重卡的成功，从另一个角度说明了中国重汽开始逐渐走出了一条新型发展道路。

中国重汽的车标由三个向心的图形组成，它代表当时几个组合到一起的企业团结一致的精神。这个标志一致沿用至今。

重汽斯太尔王（中国，2002年）

2002年底，凭借斯太尔王车型的成功，重汽重新稳固了市场地位。不过斯太尔王的历史意义远大于市场意义，它对于新重汽而言是一个新的标志，标志着中国重汽在坚持技术领先、自主创新方面取得了新的进展。

重汽汕德卡T7（中国，2010年）

进入21世纪的第二个十年，中国重汽同德国曼恩商用车达成进一步合作协议，开创高端品牌汕德卡（SITRAK）。新品牌的成立令重汽产品线进一步扩大，等到豪沃轻卡项目落地后，重汽在商用车的产品上实现了进一步的全方位覆盖。

东风浩荡

十堰是东风汽车事业的发源地，东风汽车在这里经历了多次改革与进步。50年前，第二汽车制造厂选址于此，发展军工事业，在既没资源又没技术的情况下造出了EQ240车型。此后，二汽"由军转民"，正式进军民用车市场，开始了东风的辉煌。

东风汽车集团由中国第二汽车制造厂发展而来。2017年，在多次更名之后，它正式定名为"东风汽车集团有限公司"。历经半个世纪的洗礼，东风汽车集团已成为中国数一数二的大型汽车企业，主营业务涵盖汽车制造、零部件加工及汽车装备等多个领域。

东风EQ140-1（中国，1978年）

EQ140-1是东风真正意义上的第一款中型卡车，它树立了东风汽车的第一座里程碑，标志着东风正式登上了创造市场效益、推动汽车业高速发展的大舞台。

东风EQ153（中国，1990年）

俗称"八平柴"的东风EQ153重约8吨，是东风由长头车转向平头车、载重由中型向重型发展的经典产品。这是我国生产的首款八吨平头柴油车，它填补了我国卡车品牌"缺重"的空白，为东风后续开发重型车提供了技术支持。

神龙富康988（中国，1996年）

1996年，根据我国实际需求，神龙公司开发出了为中国市场量身定制的富康988。作为东风实施合资战略后打入市场的第一批车型之一，富康成功地敲开了千家万户的门，与桑塔纳和捷达一起并称轿车"老三样"，成为一代人的记忆。

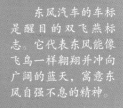

东风汽车的车标是醒目的双飞燕标志。它代表东风能像飞鸟一样翱翔并冲向广阔的蓝天，寓意东风自强不息的精神。

东风风神AX7（中国，2014年）

AX7定位于紧凑型SUV，其整体造型非常丰满。新车前脸线条硬朗，尾部黑色样式扰流板与双边两个方型排口相组合的造型较为新颖。作为东风风神SUV的顶梁柱，AX7自2014年上市以来，收获了超过20万用户的好评。

东风风神D53 风神奕炫（中国，2019年）

奕炫采用交互几何美学设计理念，线条和曲线让奕炫更显饱满，不仅提升了视觉效果，还降低了风阻系数，欧洲双料冠军底盘和低重心的整车布置更彰显了奕炫蓄势待发的跑车基因。车标从双飞燕换为代表古希腊神话中风神的"AEOLUS"，让这款车更具文化沉淀。

为"长安"而生的长安

长安汽车的历史悠久，资历丝毫不亚于一些进口汽车品牌。一路走来，它始终在岁月的大潮中奋楫前行，用敢于突破自我的勇气和一往无前的精神创造了一个又一个历史，取得了很多辉煌成就。可以说，它是当之无愧的"国产汽车一哥"。

长安汽车的历史始于轰轰烈烈的"洋务运动"。1862年，洋务运动的发起人之一李鸿章创办了中国最早的兵工厂——上海洋炮局，这便是长安汽车的前身。后来，上海洋炮局"辗转"多地，最终"落户"重庆。新中国成立后，它改制成为重庆兵工厂，于1958年开始生产汽车。1984年，这家军品企业正式踏足汽车行业。

长安长江46（中国，1958年）

1958年，长安机器制造厂（长安汽车前身）在技术落后、资金不足、材料匮乏的条件下，研制出了中国第一辆越野车——长江46。它搭载2.2L直列4缸发动机，速度可达115千米/小时。但因为技术有限，长江46存在没有倒挡等问题。不过，经过不断改进和完善，这款车得到了市场的广泛认可，到停产时共生产了1300多辆。

长安SC112（中国，1984年）

长安机器制造厂在与日本铃木公司[达]合作意向后，推出了SC112汽车。这是一[款]微型厢式货车，又经济又实用，因此一[问世]就迅速引爆市场，引得人们争相抢购。

与长安SC112同时下线的还有SC[110]微型载货汽车，当时它同样得到了人[们]的广泛认可。这两款汽车的诞生，[标志]着长安机器制造厂开始从军工企业[向民]用车生产企业转型。

长安之星（中国，1998年）

这款微型厢式汽车借鉴了日本铃木"Carry"生产技术，它不仅价格低廉，而且实用性出众。不过，因为结构有些单薄，长安之星当时遭到很多人的质疑。但幸运的是，在清华大学举行的一次碰撞试验救了它。自此之后，长安之星彻底赢得了消费者的认可。

长安汽车的车标主体是"矛盾组合"，兼具古典与现代美。

1995年，长安厂与江陵厂合并组建"长安汽车有限责任公司"。1996年，重庆长安汽车股份有限公司正式成立。

长安之星是中国首款通过安全碰撞测试的微型车，而这次试验也被称为"挽救中国微型车命运的第一撞"。此后，长安之星一路高歌猛进，到2005年11月，销量正式突破300万辆大关。

长安奔奔（中国，2006年）

长安奔奔是长安汽车推出的首款自主品牌家用轿车。它车型非常小巧，看起来精致又时尚，十分适合那些追求潮流的年轻人。尤为吸引人的是，这款车的售价还不到5万元，所以深受大众欢迎。

2006年，马自达汽车公司入股长安福特汽车有限公司，公司自此成为长安汽车、福特汽车、马自达汽车三方持股的合资公司，更名为长安福特马自达汽车有限公司。

长安杰勋（混合动力）（中国，2008年）

杰勋混合动力车是长安汽车为北京奥运会特别定制的车型。它同时搭载一台电动机和一台1.5L的汽油发动机，具有节能环保等显著优点。只可惜，因为市场接受度不高以及其他因素等原因，该车型很快就停产了。

长安悦翔（中国，2009年）

悦翔拥有靓丽的外形，同时在很多细节上又不乏独特的设计元素，因此凭借"颜值"征服了众多消费者。更重要的是，它的价格非常亲民，所以才会获得市场认可，让长安汽车一改之前车型销量低迷的局面。

2009年，长安投资建设了垫江综合试验场。这个试验场占地总面积3360多亩，包括高速测试道路、基本性能测试道路、复杂路况道路及特殊性能测试道路等种措施，是一个集汽车研发与性能检测于一体的综合性公共服务平台。

长安逸动（EADO）（中国，2012年）

逸动搭载1.6L发动机，功率高达124马力，是一款各项性能都十分优越的紧凑型轿车。它第一次亮相法兰克福车展，就引发各方关注。量产之后，逸动以过硬的品质迅速抢占中低端紧凑型家用轿车市场，成为当时热销的明星车型。

长安欧力威（中国，2013年）

作为长安首款多功能小型车，欧力威无论是在外观、内饰，还是动力配置等方面都很出色。它极大地丰富了长安商用车的产品线，为长安汽车的全面发展奠定了坚实的基础。

长安CS75（中国，2013年）

CS75是长安倾力打造的一款紧凑型SUV。它的整体造型颇具时尚气息和写意的美感；内饰十分精致奢华，充分彰显了格调和品质；车内空间较大，乘坐舒适。此外，CS75还有科技配置齐全、动力输出稳定流畅等一系列亮点。

年轻的长城

　　说起国内汽车品牌，有一个名字不得不提，那就是长城。作为中国自主品牌的重要代表，长城的发展历程只不过有短短的30几年，可它却凭借超凡的实力，在经济腾飞的热潮中，屡创佳绩，一跃成为中国SUV及皮卡的领导者。潜心造车，深耕细作，年轻的长城所迈出的每一步都是在创造历史。

　　1984年，现任长城汽车董事长魏建军的叔叔创建了长城工业公司。当时长城的主要业务是从事汽车改装服务。1990年，因为各种原因长城濒临倒闭的边缘，这时，酷爱汽车的魏建军将其承包了下来。1995年，河北长城集团有限公司正式成立。后来，魏建军顺应市场需求，不断转变经营策略，这才让长城的状况一天天好转，直至发展成今天的业界龙头。

长城CC1020（中国，1996年）

　　CC1020是长城早期的手工拼装车，凭借亲民的价格，该车销量非常喜人，为长城赚取了"第一桶金"。

长城迪尔（中国，1996年）

　　在充分借鉴国外皮卡的成功经验后，长城抓住时机，推出了"迪尔皮卡"。迪尔皮卡的品质过硬，售价便宜，被称赞是"皮卡界的捷达"。于是，它很快打开了市场，并在皮卡领域站稳了脚跟。

1997年，长城皮卡首次出口中东，拉开了中国汽车进军海外市场的大幕。

长城汽车的车标中间是万里长城的烽火台形象，具有典型的中国传统文化特征。此外，我们从中还能看到"箭头"和"立体1"，这蕴含着长城汽车"永争第一，无坚不摧"的企业精神。

长城赛铃（中国，2001年）

和"前辈"迪尔相比，赛铃的车身尺寸略大，制造工艺也更加精细。特别的是，赛铃有汽油、柴油两种动力选择，可以满足消费者的不同需要。它的面世，进一步巩固了长城汽车在"皮卡界"的至尊地位。

长城赛弗（中国，2002年）

赛弗是长城汽车的首款SUV车型。它继续秉持长城皮卡的市场策略，凭借超高的性价比和亲民的价格赢得了广大消费者的青睐。这款车一经推出就进入了当年中国SUV销量排行榜的前三名。

长城哈弗CUV（中国，2005年）

哈弗CUV外形时尚，配置丰富，且越野性能十分突出。它上市以后，一路领跑SUV市场，赢得了人们的广泛赞誉，被称为"最受欢迎的城市全能车型"及"最受欢迎的国产SUV"。

长城风骏（中国，2006年）

风骏是中国第一款高端皮卡，生产过程中采用了多项尖端技术。此外，霸气的造型、齐全的配置及舒适的驾乘体验等，都是消费者选择它的理由。上市十几年来，风骏皮卡的销量一直遥遥领先。

长城哈弗H6（中国，2011年）

作为一款城市型SUV，哈弗H6自面世以来就备受瞩目。它颠覆了长城汽车传统SUV车型的设计风格，整体看起来更加大气优雅，具有丰富的时尚元素，因此深得人们的认可和青睐。2017年，新一代车型上市后，哈弗H6在国内SUV市场的霸主地位变得更加不可撼动了。

长城哈弗M4（中国，2012年）

哈弗M4继承了哈弗M系列一贯的设计风格，是一款外形靓丽、富有硬派气质的小型SUV。它搭载了长城汽车自主研发的1.5L全铝发动机，拥有许多先进配置，代表着长城汽车的先进水平。

长城哈弗H8（中国，2013年）

对于长城汽车来说，哈弗H8是一款具有里程碑式意义的产品。因为和之前的车型相比，H8做了"全面升级"，变身为超级豪华版SUV。它标志着长城汽车正式进入了中高端SUV市场。

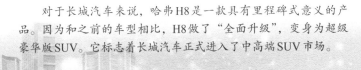

爸爸妈妈，快看，下雪啦！

奇瑞：从芜湖走向世界

对于很多汽车企业来说，奇瑞无疑是一个非常励志、成功的范本。它只用二十几年的时间，就跻身主流汽车企业的行列，让整个中国汽车行业都为之震撼。超强的制造能力、完善的研发体系，帮助奇瑞在发展壮大的过程中，取得了一个又一个丰硕的成果。未来，奇瑞必将利用这一优势创造更多佳绩。

1997年，奇瑞汽车股份有限公司正式成立。两年之后，奇瑞第一辆汽车"出世"。惊人的是，2007年奇瑞第100万辆汽车就下线了。与此同时，奇瑞作为自主汽车品牌的中坚力量，开始进入飞速发展的新时期。

奇瑞风云（中国，1999年）

对于奇瑞来说，1999年意义非凡，因为在这一年奇瑞历史上第一辆轿车诞生了，它就是奇瑞风云轿车。这款造型"朴实干练"而且价格亲民的汽车大受欢迎，迅速帮助奇瑞打开了市场。

奇瑞QQ（中国，2003年）

奇瑞经典车型QQ堪称奇瑞汽车的"开路先锋"，一上市便凭借圆润可爱的造型和经济实惠的价格吸引了众多国内年轻消费者的目光。奇瑞在设计之初便将其定位为"年轻人的第一辆车"，不但尽量让这台车造型变得新颖可爱，还将价格压低，让汽车真正走进了年轻人的世界。

象征科技、品质与未来的奇瑞汽车车标。

奇瑞A3（中国，2008年）

A3是一款紧凑型的轿车，可谓集奇瑞汽车制造经验之大成者，是前几年市面上比较常见的一款车型，车身小巧灵活，整车看起来非常饱满圆滑但不小气，让人感觉非常舒服，它的出现是奇瑞汽车从粗放经营到精细运作的开始。

新瑞虎5（中国，2015年）

新瑞虎5在继承前作优点的基础上进一步增大车身尺寸，乘坐空间非常宽裕，外抛式翼子板让它看起来力量感十足，搭配前倾的腰线，即便是在静止状态，整车也透露出一种跃跃欲试的感觉。

奇瑞艾瑞泽GX（中国，2018年）

艾瑞泽GX与奇瑞以往车型不同，它具有大嘴式进气格栅等一系列的突破性设计，看起来大胆前卫又极富视觉张力。此外，精致奢华的内饰、出色的动力性能等，也是它重要的卖点。

比亚迪：成就梦想

大名鼎鼎的比亚迪想必大家都知道，可是或许你不了解，这个崇尚"向新而生"的品牌进入汽车制造领域的时间很短。但它硬是凭借一往无前的进取精神，闯出了一番广阔天地。在不断自我超越的路上，比亚迪努力探索，坚持技术创新，最终成长为中国乃至世界首屈一指的新能源引领者。

1995年，比亚迪创始人王传福在意识到充电电池具有发展前景后，果断在深圳注册了比亚迪实业有限公司。事实证明，王传福的判断没有错。2003年，比亚迪摇身一变成了全球第二大充电电池制造商。与此同时，比亚迪开始正式进军汽车制造业。它通过并购秦川汽车公司，迈出了构建汽车帝国的第一步。

比亚迪F3（中国，2005年）

比亚迪F3是一款紧凑型轿车，外观很像丰田花冠。不过，令人惊喜的是，因为成本控制得当，这款车的售价却和一些小型车的价格相当。加上当时比亚迪的营销策略十分精准，所以，大气、配置齐全、省油的比亚迪F3一上市，就成了大卖车型。

之后的几年间，比亚迪乘着F3的"东风"，陆续研发出了F0、F3R、G3等一系列车型。

148

比亚迪的车标比较简单，由三个意为"成就梦想"的英文首字母和一个椭圆构成。

比亚迪F3DM（中国，2008年）

比亚迪依托自己生产电池的优势，于2008年底推出了一款双模电动车F3DM。顾名思义，F3DM同时搭载着汽油机和电动机，不但性能优越，而且节能又环保。自此，比亚迪有了一个荣誉标签——"环保先锋"

比亚迪G6（中国，2011年）

与以往的车型相比，比亚迪G6在技术上有了一个全新的突破。它搭载了比亚迪自主研发的1.5L涡轮增压发动机和6速双离合变速箱。因此，这款车在当时备受瞩目。

比亚迪E6（中国，2011年）

比亚迪E6是比亚迪公司酝酿许久才推出的一款纯电动汽车。这款车搭载比亚迪自主研发的铁电池，具有绿色环保、安全性高、续航里程长的特点。此外，时尚大气的造型、精良的内饰等，都是它的卖点。

149

比亚迪速锐（中国，2012年）

速锐曾代表着比亚迪的最高水平，是比亚迪历史车型中的标志性产品。速锐当时不但拥有先进的动力配置，而且还搭载了遥控驾驶技术。这意味着车主在距离车辆大约10米的范围内，就可以遥控车辆，对它发出启动、转向等指令了。

比亚迪S7（中国，2014年）

S7是"中型SUV家族"的一员。它匹配全新的动力系统和适时四驱系统，拥有10.2英寸液晶屏、夜视系统等一系列先进配置，而且内饰也十分精致奢华。各方面细节与同级别车型相比，简直好太多了！

比亚迪秦pro（中国，2018年）

　　秦pro看起来有典型的比亚迪基因，霸气之中透露着优雅的格调。这款车搭载各种先进的系统，可以实现互联，科技感十足。秦pro有燃油版、插电混动版和纯电动版三种动力版本，消费者可以根据需求、喜好选择合适的车型。

秦pro车内的液晶中控屏可以进行90°旋转。

比亚迪汉（中国，2020年）

　　第一眼看到这款车，相信你一定会被它那炫酷的造型深深吸引。事实上，比亚迪汉的性能和它的外观一样令人心动。2.0T发动机和150马力电动机的超强组合，不到3秒的百千米加速度，高水准的造车工艺……相信一切都会给你带来非凡的驾乘体验。